ओम्

श्रीपाणिनिमहामुनिविरचितधातुपाठमूलकः

धातुकोशः

dhātukośaḥ

A book of verbal roots based on dhātupāṭha of pāṇini

१. अकारादिक्रमेण धातूनां संग्रहः – आङ्ग्लभाषार्थसहितः

२. धातूनां गणविभागः – भ्वादिदशगणाः, तदन्तर्भूतगणाश्च

३. प्रसिद्धसोपसर्गधातूनां संग्रहः – आङ्ग्लभाषार्थसहितः

४. धात्वनुबन्धविचारः – सूत्रोदाहरणसहितः

1. Glossary of roots in alphabetical order – with meanings in English
2. Classification of roots - ten conjugations and groups within the conjugations like dyutādi – with appropriate sutras and examples
3. Glossary of roots with prefixes – with meanings in English
4. Significance of indicatory letters attached to roots – with appropriate sūtras and examples

3rd Edition

सम्पादिका

ब्रह्मचारिणी मेधा मिच्चिका

आर्षविद्यागुरुकुलम्, आनैकट्टी

Editress

Brahmacārinī Medhā Michika

Copyright © 2017 by Medhā Michika
All rights reserved.

The contents of this work may not in any shape or form be
reproduced without permission from Medhā Michika.

All profit from the sales of this book goes towards the activities
initiated by Śrī Pūjya Svamī Dayānanda Sarasvatī.

Electronic version of this book is available at:
Arsha Avinash Foundation
www.arshaavinash.in

Printed version of this book is available at:
Arsha Vidya Gurukulam, Coimbatore, TN, India
www.arshavidya.in
Swami Dayananda Ashram, Rishikesh, UK, India
www.dayananda.org
Arsha Vidya Gurukulam, Saylorsburg, PA, USA
www.arshavidya.org
Amazon of your country
www.amazon.com etc. (Search by "medha michika").

Table of Contents
&
How to use this book

A: Original form of धातु with इत् letters and स्वरs found in धातुपाठः

B: Meaning of the धातु in Sanskrit found in धातुपाठः

C: Dictionary form of धातु without इत् letters and स्वरs

D: [1 to 10] Clasification in terms of how धातु conjugates

E: [P, A or U] पद्s

"P" stands for परस्मैपदी धातु which takes परस्मैपद-प्रत्यय.

"A" stands for आत्मनेपदी धातु which takes आत्मनेपद-प्रत्यय.

"U" stands for उभयपदी धातु which takes आत्मनेपद-प्रत्यय when the result of action goes to the doer of action. Otherwise, the धातु takes परस्मैपद-प्रत्यय.

F: [S, A, or V] This is about इट्-आगम, the augment इ which is attached to the beginning of certain types of suffixes.

"S" stands for सेट् (इटा सह वर्तते), a धातु which takes इट्.

"A" stands for अनिट् (अविद्यमानः इट् यस्य सः), a धातु which does not take इट्.

"V" stands for वेट् (वा इता वर्तते), a धातु which optionally takes इट्.

G: Meaning of the धातु in English

H: Name of गण (group) which the धातु belongs to. This is connected to the second section, "2. Classification of roots - ten conjugations and groups"

In धातुपाठः, about 2000 धातुs are classified into 10 groups (गणs) by how the conjugation takes place. Further, there are sub-groups within those 10 groups. This section shows the purpose of these sub-groups with sūtras which enjoin the changes to those धातुs.

The combinations of धातु and उपसर्ग with meanings in English are shown.

This section shows the purpose of indicatory letters to धातुs, with sūtras and examples.

ओम्

श्रीगुरुभ्यो नमः।

धातुकोशः

A	B	C	D	E	F	G	H
अंशँ	सङ्घाते	अंश्	10	U	S	to divide	
अकँ	कुटिलायां गतौ	अक्	1	P	S	to go like a serpent	घटादि, मित्
अकिँ	लक्षणे	अङ्क्	1	A	S	to mark	
अक्षूँ	व्यासौ	अक्ष्	1	P	V	to reach; to accumulate	
अगँ	कुटिलायां गतौ	अग्	1	P	S	to go like a serpent	घटादि, मित्
अगिँ	गतौ	अङ्ग्	1	P	S	to go	
अघिँ	गत्याक्षेपे	अङ्घ्	1	A	S	to go; to blame	
अङ्क	पदे लक्षणे च	अङ्क	10	U	S	to count; to mark	
अङ्ग	पदे लक्षणे च	अङ्ग	10	U	S	to count; to mark	
अजँ	गतिक्षेपणयोः	अज्	1	P	S	to go; to censure	
अजिँ	भाषार्थः	अञ्ज्	10	U	S	to speak	
अञ्चुँ	गतिपूजनयोः	अञ्च्	1	P	S	to go; to worship	
अञ्चुँ	गतौ याचने च	अञ्च्	1	U	S	to go; to beg	
अञ्चुँ	विशेषणे	अञ्च्	10	U	S	to individualize	
अञ्जूँ	व्यक्तिम्रक्षणकान्तिगतिषु	अञ्ज्	7	P	V	to make clear; to anoint; to decorate; to go	
अटँ	गतौ	अट्	1	P	S	to wander	
अट्टँ	अतिक्रमहिंसनयोः	अट्ट्	1	A	S	to transgress; to kill	
अट्टँ	अनादरे	अट्ट्	10	U	S	to despise	
अठिँ	गतौ	अण्ठ्	1	A	S	to go	
अडँ	उद्यमने	अड्	1	P	S	to try	
अड्डँ	अभियोगे	अड्ड्	1	P	S	to join	
अणँ	शब्दार्थः	अण्	1	P	S	to sound	
अणँ	प्राणने	अण्	4	A	S	to breathe; to live	
अतँ	सातत्यगमने	अत्	1	P	S	to go constantly	
अतिँ	बन्धने	अन्त्	1	P	S	to bind	
अदँ	भक्षणे	अद्	2	P	A	to eat	
अदिँ	बन्धने	अन्द्	1	P	S	to bind	
अनँ	प्राणने	अन्	2	P	S	to breathe; to live	रुदादि
अन्ध	दृष्ट्युपघाते दृष्ट्युपसंहारे	अन्ध	10	U	S	to be blind; to close the eyes	

अबि॒ँ	शब्दे	अम्ब्	1	A	S	to sound	
अभि॒ँ	शब्दे	अम्भ्	1	A	S	to sound	
अभ्रँ	गतौ	अभ्र्	1	P	S	to go; to wander	
अमँ	गत्यादिषु	अम्	1	P	S	to go; to eat; to sound	मित्
अमँ	रोगे	अम्	10	U	S	to be ill	मित्
अयँ॒	गतौ	अय्	1	A	S	to go	
अर्कँ	स्तवने	अर्क्	10	U	S	to praise; to heat	
अर्चँ	पूजायाम्	अर्च्	1	P	S	to worship	
अर्चँ	पूजायाम्	अर्च्	10	U	S	to worship	
अर्जँ	अर्जने	अर्ज्	1	P	S	to procure; to take	
अर्जँ	प्रतियत्ने	अर्ज्	10	U	S	to procure	
अर्थ	उपयाञ्चायाम्	अर्थ	10	A	S	to request; to sue	
अर्दँ	गतौ याचने च	अर्द्	1	P	S	to ask; to beg	
अर्दँ	हिंसायाम्	अर्द्	10	U	S	to kill	
अर्बँ	गतौ	अर्ब्	1	P	S	to go toward	
अर्वँ	हिंसायाम्	अर्व्	1	P	S	to kill	
अर्हँ	पूजायाम्	अर्ह्	1	P	S	to worship; to deserve	
अर्हँ	पूजायाम्	अर्ह्	10	U	S	to worship; to deserve	
अर्हँ	पूजायाम्	अर्ह्	10	U	S	to worship; to deserve	
अलँ	भूषणपर्याप्तिवारणेषु	अल्	1	P	S	to adorn; to be competent; to prevent	
अवँ	रक्षण-गति-कान्ति-प्रीति-तृप्ति-अवगम-प्रवेश-श्रवण-स्वाम्यर्थ-याचन-क्रियेच्छा-दीप्ति-अवाप्ति-आलिङ्गन-हिंसाऽऽदान-भाग-वृद्धिषु	अव्	1	P	S	to protect; to defend; to please; to satisfy; to like; to wish; to desire; to favor; to promote	
अशँ	भोजने	अश्	9	P	S	to eat	
अशूँ॒	व्याप्तौ सङ्घाते च	अश्	5	A	V	to pervade; to accumulate	
अषँ॑	गतिदीप्त्यादानेषु	अष्	1	U	S	to go; to shine; to receive	
असँ॑	गतिदीप्त्यादानेषु	अस्	1	U	S	to go; to shine; to receive	
असँ	भुवि	अस्	2	P	S	to be	
असुँ	क्षेपणे	अस्	4	P	S	to throw	पुषादि
अहँ	व्याप्तौ	अह्	5	P	S	to pervade	
अहिँ	गतौ	अंह्	1	A	S	to go	
अहिँ	भाषार्थः	अंह्	10	U	S	to speak	
आछिँ	आयामे	आञ्छ्	1	P	S	to lengthen	
आ॒पॢँ	व्याप्तौ	आप्	5	P	A	to pervade	
आपॢँ	लम्भने	आप्	10	U	S	to get	

आसँ	उपवेशने	आस्	2	A	S	to sit
इक्	स्मरणे (नित्यमधिपूर्वकः)	अधी	2	P	A	to remember
इखँ	गतौ	इख्	1	P	S	to go
इखिँ	गतौ	इङ्ख्	1	P	S	to go
इगिँ	गत्यर्थः	इङ्ग्	1	P	S	to move; to shake
इङ्	अध्ययने (नित्यमधिपूर्वकः)	अधी	2	A	A	to study
इटँ	गतौ	इट्	1	P	S	to go
इण्	गतौ	इ	2	P	A	to go
इदिँ	परमैश्वर्ये	इन्द्	1	P	S	to have great power
इन्धीँ	दीप्तौ	इन्ध्	7	A	S	to shine
इलँ	स्वप्नक्षेपणयोः	इल्	6	P	S	to sleep; to throw
इलँ	प्रेरणे	इल्	10	U	S	to urge
इविँ	व्याप्तौ	इन्व्	1	P	S	to pervade
इषँ	गतौ	इष्	4	P	S	to go
इषुँ	इच्छायाम्	इष्	6	P	S	to wish
इषँ	आभीक्ष्ण्ये	इष्	9	P	S	to repeat
ई(वी)	गतिव्याप्तिप्रजनकान्त्यसनखादनेषु	ई	2	P	A	to go; to pervade; to become pregnant; to shine; to throw; to eat
ईक्षँ	दर्शने	ईक्ष्	1	A	S	to see
ईखिँ	गतौ	ईङ्ख्	1	P	S	to go
ईङ्	गतौ	ई	4	A	A	to go
ईजँ	गतिकुत्सनयोः	ईज्	1	A	S	to go; to censure
ईडँ	स्तुतौ	ईड्	2	A	S	to praise
ईडँ	स्तुतौ	ईड्	10	U	S	to praise
ईरँ	गतौ कम्पने च	ईर्	2	A	S	to go; to shake
ईरँ	क्षेपे	ईर्	10	U	S	to throw; to move
ईर्क्ष्यँ	ईर्ष्यायाम्	ईर्क्ष्य्	1	P	S	to envy
ईर्ष्यँ	ईर्ष्यायाम्	ईर्ष्य्	1	P	S	to envy
ईशँ	ऐश्वर्ये	ईश्	2	A	S	to rule; to command
ईषँ	गतिहिंसादर्शनेषु	ईष्	1	A	S	to go; to kill; to see
ईषँ	उञ्छे	ईष्	1	P	S	to glean
ईहँ	चेष्टायाम्	ईह्	1	A	S	to aim at
उक्षँ	सेचने	उक्ष्	1	P	S	to sprinkle; to wet
उखँ	गत्यर्थः	उख्	1	P	S	to go; to move
उखिँ	गतौ	उङ्ख्	1	P	S	to go
उङ्	शब्दे	उ	1	A	A	to sound
उचँ	समवाये	उच्	4	P	S	to collect together

उछिँ	उञ्छे	उञ्छ्	1	P	S	to glean	
उछिँ	उञ्छे	उञ्छ्	6	P	S	to glean	
उछीँ	विवासे	उच्छ्	1	P	S	to finish	
उछीँ	विवासे	उच्छ्	6	P	S	to finish	
उज्झँ	उत्सर्गे	उज्झ्	6	P	S	to abandon	
उठँ	उपघाते	उठ्	1	P	S	to strike; to destroy	
उठँ	उपघाते	उठ्	1	A	S	to strike; to destroy	द्युतादि
उध्रसँ	उञ्छे	उध्रस्	10	U	S	to glean	
उन्दीँ	क्लेदने	उन्द्	7	P	S	to wet; to moisten	
उभँ	पूरणे	उभ्	4	P	S	to fill with; to cover over	
उम्भँ	पूरणे	उम्भ्	6	P	S	to fill with; to cover over	
अब्जँ	आर्जवे	उब्ज्	4	P	S	to make straight	
उर्दँ	माने क्रीडायां च	उर्द्	1	A	S	to measure; to play	
उर्वीँ	हिंसार्थः	ऊर्व्	1	P	S	to kill	
उषँ	दाहे	उष्	1	P	S	to burn; to punish	
उहिँर्	अर्दने	उह्	1	P	S	to hurt; to kill	
ऊठँ	उपघाते	ऊठ्	1	P	S	to strike	
ऊन	परिहाणे	ऊन	10	U	S	to lessen	
ऊयीँ	तन्तुसन्ताने	ऊय्	1	A	S	to weave; to sew	
ऊर्जँ	बलप्राणनयोः	ऊर्ज्	10	U	S	to strengthen; to live	
ऊर्णुञ्	आच्छादने	ऊर्णु	2	U	S	to cover	
ऊषँ	रुजायाम्	ऊष्	1	P	S	to be diseased or disordered	
ऊहँ	वितर्के	ऊह्	1	A	S	to conjecture; to reason	
ऋ	गतिप्रापणयोः	ऋ	1	P	A	to go; to get	
ऋ	गतौ	ऋ	3	P	A	to go	
ऋचँ	दीप्तौ स्तुतौ च	ऋच्	6	P	S	to shine; to praise	
ऋछँ	गतीन्द्रियप्रलयमूर्तिभावेषु	ऋच्छ्	6	P	S	to go; to fail in faculties; to become hard	
ऋजँ	गतिस्थानार्जनोपार्जनेषु	ऋज्	1	A	S	to go; to acquire; to be firm; to be strong	
ऋजिँ	भर्जने	ऋञ्ज्	1	A	S	to fry	
ऋणुँ	गतौ	ऋण्	8	U	S	to go	
ऋति	जुगुप्सायाम्	ऋत्	सौ	A	S	to censure (सौत्र)	
ऋधुँ	वृद्धौ	ऋध्	4	P	S	to prosper; to please	पुषादि
ऋधुँ	वृद्धौ	ऋध्	5	P	S	to prosper; to increase	
ऋफँ	हिंसायाम्	ऋफ्	6	P	S	to kill	
ऋम्फँ	हिंसायाम्	ऋम्फ्	6	P	S	to kill	
ऋषीँ	गतौ	ऋष्	6	P	S	to go	

ऋ	गतौ	ऋ	9	P	S	to go	प्वादि, ल्वादि
एजृ॒ँ	दीप्तौ	एज्	1	A	S	to shine	
एजृँ	कम्पने	एज्	1	P	S	to shake	
एठ॒ँ	विबाधायाम्	एठ्	1	A	S	to annoy; to resist	
एध॒ँ	वृद्धौ	एध्	1	A	S	to prosper; to grow	
एषृ॒ँ	प्रयत्ने गतौ च	एष्	1	A	S	to try; to go	
ओखृँ	शोषणालमर्थयोः	ओख्	1	P	S	to be dry; to adorn; to be sufficient	
ओणृँ	अपनयने	ओण्	1	P	S	to remove; to take away	
ओलडिँ	उत्क्षेपणे	ओलण्ड्	10	U	S	to throw up	
कक॒ँ	लौल्ये	कक्	1	A	S	to wish; to be proud	
ककि॒ँ	गतौ	कङ्क्	1	A	S	to go	
कखँ	हसने	कख्	1	P	S	to laugh	
कखेँ	हसने	कख्	1	P	S	to laugh	घटादि, मित्
कगेँ	नोच्यते	कग्	1	P	S	to act	घटादि, मित्
कच॒ँ	बन्धने	कच्	1	A	S	to bind	
कचि॒ँ	दीप्तिबन्धनयोः	कञ्च्	1	A	S	to shine; to bind	
कटीँ	गतौ	कण्ट्	1	P	S	to go	
कटेँ	वर्षावरणयोः	कट्	1	P	S	to rain; to cover	
कठँ	कृच्छ्रजीवने	कठ्	1	P	S	to live in difficulty	
कठि॒ँ	शोके	कण्ठ्	1	A	S	to mourn	
कठिँ	शोके	कण्ठ्	10	U	S	to mourn	
कडँ	मदे	कड्	1	P	S	to be proud	
कडँ	मदे	कड्	6	P	S	to be proud	कुटादि
कडि॒ँ	भेदने	कण्ड्	10	A	S	to separate the chaff	
कडिँ	मदे	कण्ड्	1	P	S	to be proud	
कडिँ	भेदने	कण्ड्	10	U	S	to separate the chaff	
कड्डँ	कार्कश्ये	कड्ड्	1	P	S	to be hard	
कणँ	शब्दार्थः	कण्	1	P	S	to cry in distress	
कणँ	गतौ	कण्	1	P	S	to go	घटादि, मित्
कणँ	निमीलने	कण्	10	U	S	to wink	
कत्थ॒ँ	श्लाघायाम्	कत्थ्	1	A	S	to praise; to boast	
कत्र	शैथिल्ये	कत्र	10	U	S	to slacken	
कथ	वाक्यप्रबन्धे	कथ	10	U	S	to tell	
कद॒ँ	वैकल्ये	कद्	1	A	S	to cry, to weep or shed tears; to grieve; to call; to kill or hurt	घटादि, षित्, मित्
कदिँ	आह्वाने रोदने च	कन्द्	1	P	S	to call; to cry	
कदि॒ँ	वैक्लब्ये	कन्द्	1	A	S	to grieve	घटादि, षित्, मित्

कनीँ	दीप्तिकान्तिगतिषु	कन्	1	P	S	to shine; to desire; to go	
कपिँ	चलने	कम्प्	1	A	S	to shake	
कबृँ	वर्णे	कब्	1	A	S	to color	
कमुँ	कान्तौ	कम्	1	A	S	to desire	मित्
कर्जँ	व्यथने	कर्ज्	1	P	S	to pain; to torment	
कर्ण	भेदने	कर्ण्	10	U	S	to pierce	
कर्त	शैथिल्ये	कर्त्	10	U	S	to slacken	
कर्दँ	कुत्सिते शब्दे	कर्द्	1	P	S	to rumble	
कर्बँ	गतौ	कर्ब्	1	P	S	to go	
कर्वँ	दर्पे	कर्व्	1	P	S	to be proud	
कलँ	शब्दसङ्ख्यानयोः	कल्	1	A	S	to sound; to count	
कलँ	क्षेपे	कल्	10	U	S	to throw	
कलँ	गतौ सङ्ख्याने च	कल	10	U	S	to go; to count	
कल्लँ	अव्यक्ते शब्दे	कल्ल्	1	A	S	to utter an indistinct sound	
कशँ	गतिशासनयोः	कश्	2	A	S	to go; to punish	
कषँ	हिंसायाम्	कष्	1	P	S	to kill	
कसँ	गतौ	कस्	1	P	S	to go	
कसँ	गतिशासनयोः	कस्	2	A	S	to go; to punish	
कसिँ	गतिशासनयोः	कंस्	2	A	S	to go; to punish	
काक्षिँ	काङ्क्षायाम्	काङ्क्ष्	1	P	S	to desire; to wish	
काचिँ	दीप्तिबन्धनयोः	काञ्च्	1	A	S	to shine; to bind	
काल	उपदेशे	काल्	10	U	S	to enumerate	
काशृँ	दीप्तौ	काश्	1	A	S	to shine	
काशृँ	दीप्तौ	काश्	4	A	S	to shine	
कासृँ	शब्दकुत्सायाम्	कास्	1	A	S	to cough	
कि	ज्ञाने	कि	3	P	A	to perceive	
किटँ	त्रासे	किट्	1	P	S	to alarm	
किटँ	गतौ	किट्	1	P	S	to go	
कितँ	निवासे रोगापनयने च	कित्	1	P	S	to dwell; to cure	
किलँ	श्वैत्यक्रीडनयोः	किल्	6	P	S	to become white; to sport	
कीटँ	वर्णे	कीट्	10	U	S	to colour	
कीलँ	बन्धने	कील्	1	P	S	to bind	
कु	शब्दे	कु	2	P	A	to sound	
कुकँ	आदाने	कुक्	1	A	S	to take; to accept	
कुङ्	शब्दे	कु	1	A	A	to sound	

कुङ्	आर्तशब्दे	कु	6	A	A	to cry out	कुटादि
कुचँ	शब्दे तारे	कुच्	1	P	S	to sound loudly	
कुचँ	सम्पर्चनकौटिल्यप्रतिष्ठम्भविलेखनेषु	कुच्	1	P	S	to come in contact; to be crooked; to oppose; to impede; to write	
कुचँ	सङ्कोचने	कुच्	6	P	S	to contract	कुटादि
कुजुँ	स्तेयकरणे	कुज्	1	P	S	to steal	
कुञ्जँ	कौटिल्याल्पीभावयोः	कुञ्ज्	1	P	S	to make crooked; to shrink	
कुटँ	कौटिल्ये	कुट्	6	P	S	to curve; to bend	कुटादि
कुटँ	छेदने	कुट्	10	A	S	to break into pieces	
कुट्टँ	छेदनभर्त्सनयोः	कुट्ट्	10	U	S	to crush; to abuse	
कुट्टँ	प्रतापने	कुट्ट्	10	A	S	to heat	
कुठिँ	प्रतिघाते	कुण्ठ्	1	P	S	to be blunted	
कुठिँ	वेष्टने	कुण्ठ्	10	U	S	to cover	
कुडँ	बाल्ये	कुड्	6	P	S	to play or act as a child	कुटादि
कुडिँ	वैकल्ये	कुण्ड्	1	P	S	to mutilate	
कुडिँ	दाहे	कुण्ड्	1	A	S	to burn	
कुडिँ	रक्षणे	कुण्ड्	10	U	S	to protect	
कणं	शब्दोपकरणयोः	कुण्	6	P	S	to sound; to aid	
कुण	आमन्त्रणे	कुण	10	U	S	to converse with; to address	
कुत्सँ	अवक्षेपणे	कुत्स्	10	U	S	to abuse	
कुथँ	पूतीभावे	कुथ्	4	P	S	to purify	
कुथँ	संश्लेषणे	कुथ्	9	P	S	to embrace	
कुथिँ	हिंसासङ्क्लेशनयोः	कुन्थ्	1	P	S	to hurt; to injure	
कुद्रिँ	अनृतभाषणे	कुन्द्र्	10	U	S	to tell a lie	
कुन्थँ	संश्लेषणे	कुन्थ्	9	P	S	to embrace	
कुपँ	क्रोधे	कुप्	4	P	S	to be angry	पुषादि
कुपँ	भाषर्थः	कुप्	10	U	S	to speak	
कुबिँ	आच्छादने	कुम्ब्	1	P	S	to cover	
कुबिँ	आच्छादने	कुम्ब्	10	U	S	to cover	
कुमार	क्रीडायाम्	कुमार	10	U	S	to play	
कुरँ	शब्दे	कुर्	6	P	S	to sound	
कुर्दँ	क्रीडायामेव	कुर्द	1	A	S	to play	
कुलँ	संस्त्याने बन्धुषु च	कुल्	1	P	S	to accumulate; to be related	
कुशिँ	भाषार्थः	कुंश्	10	U	S	to speak	
कुषँ	निष्कर्षे	कुष्	9	P	S	to extract; to tear	
कुसँ	संश्लेषणे	कुस्	4	P	S	to embrace	पुषादि
कुसिँ	भाषार्थः	कुंस्	10	U	S	to speak	

कुस्मँ	कुत्सितस्मयने	कुस्म्	10	A	S	to smile improperly	
कुहँ	विस्मापने	कुह	10	A	S	to astonish	
कूङ्	शब्दे	कू	6	A	S	to sound	
कूजँ	अव्यक्ते शब्दे	कूज्	1	P	S	to make any inarticulate sound	
कूट॒ँ	आप्रदाने	कूट्	10	A	S	to abstain from giving	
कूटँ	परितापे	कूट	10	U	S	to burn	
कूण॒ँ	सङ्कोचे	कूण्	10	A	S	to contract	
कूणँ	सङ्कोचने	कूण	10	U	S	to contract	
कूलँ	आवरणे	कूल्	1	P	S	to cover	
कृ॒ञ्	हिंसायाम्	कृ	5	U	A	to hurt; to kill	
डुकृ॒ञ्	करणे	कृ	8	U	A	to do	
कृडँ	घनत्वे	कृड्	6	P	S	to solidify	कुटादि
कृतीँ	छेदने	कृत्	6	P	S	to cut; to divide	मुचादि
कृतीँ	वेष्टने	कृत्	7	P	S	to surround	
कृपँ	अवकल्पने	कृप्	10	U	S	to mix; to knead	
कृप	दौर्बल्ये	कृप	10	U	S	to be weak; to pity	
कृपू॒ँ	सामर्थ्ये	क्लृप्	1	A	V	to be able; to be fit for; to accomplish; to produce	द्युतादि, वृतादि
कृविँ	हिंसाकरणयोश्च	कृण्व्	1	P	S	to hurt; to do	
कृशँ	तनूकरणे	कृश्	4	P	S	to become lean or thin	पुषादि
कृ॒षँ	विलेखने	कृष्	1	P	A	to draw; to pull; to plough	
कृ॒षँ॑	विलेखने	कृष्	6	U	A	to make furrows; to plough	
कॄ	विक्षेपे	कॄ	6	P	S	to pour out; to scatter	किरादि
कॄ	हिंसायाम्	कॄ	9	U	S	to injure; to kill	प्वादि, ल्वादि
कॄञ्	हिंसायाम्	कॄ	9	P	S	to injure; to kill	प्वादि, ल्वादि
कॄतँ	संशब्दने	कॄत्	10	U	S	to name; to glorify	
केपृ॒ँ	चलने कम्पने च	केप्	1	A	S	to shake	
केलृँ	चलने	केल्	1	P	S	to shake	
कै॒	शब्दे	कै	1	P	A	to sound	
क्नसुँ	ह्वरणदीप्त्योः	क्नस्	4	P	S	to be crooked; to shine	मित्
क्नूञ्	शब्दे	क्नू	9	U	S	to sound	
क्नूयी॒ँ	शब्दे उन्दने च	क्नूय्	1	A	S	to make a cracking sound	
क्मरँ	हूर्च्छने	क्मर्	1	P	S	to be fraudulent	
क्रथँ	हिंसायाम्	क्रथ्	1	P	S	to kill	घटादि, मित्
क्रदँ	वैकल्ये	क्रद्	1	P	S	to confuse	घटादि, षित्, मित्

क्रदिँ	आह्वाने रोदने च	क्रन्द्	1	P	S	to cry; to call	
क्रन्दँ	सातत्ये	आक्रन्द्	10	U	S	to cry continually	
क्रपँ	कृपायां गतौ च	क्रप्	1	A	S	to pity; to go	घटादि, षित्, मित्
क्रमुँ	पादविक्षेपे	क्रम्	1	P	S	to walk; to step	मित्
डुक्रीञ्	द्रव्यविनिमये	क्री	9	U	A	to buy	
क्रीडृँ	विहारे	क्रीड्	1	P	S	to play	
क्रुङ्	कौटिल्याल्पीभावयोः	क्रुञ्च्	1	P	S	to make crooked; to shrink	
क्रुडँ	संवरणे	क्रुड्	6	P	S	to sink	कुटादि
क्रुधँ	क्रोधे	क्रुध्	4	P	A	to be angry	
क्रुशँ	आह्वाने रोदने च	क्रुश्	1	P	A	to call; to cry	
क्लथँ	हिंसायाम्	क्लथ्	1	P	S	to hurt; to kill	घटादि, मित्
क्लदिँ	आह्वाने रोदने च	क्लन्द्	1	P	S	to call; to lament	
क्लपँ	व्यक्तायां वाचि	क्लप्	10	P	S	to speak	
क्लमुँ	ग्लानौ	क्लम्	4	P	S	to be fatigued or tired	शमादि, पुषादि
क्लिदिँ	परिदेवने	क्लिन्द्	1	A	S	to lament	
क्लिदिँ	परिदेवने	क्लिन्द्	1	P	S	to lament	
क्लिदूँ	आर्द्रीभावे	क्लिद्	4	P	S	to become wet	पुषादि
क्लिशँ	उपतापे	क्लिश्	4	A	S	to suffer; to be afflicted	
क्लिशूँ	विबाधने	क्लिश्	9	P	V	to torment; to distress	
क्लीबृँ	अधार्ष्ट्ये	क्लीब्	1	A	S	to be timid	
क्लुङ्	गतौ	क्लु	1	A	A	to move	
क्लेवृँ	सेवने	क्लेव्	1	A	S	to serve	
क्लेशँ	अव्यक्तायां वाचि	क्लेश्	1	A	S	to speak inarticulately	
क्वणँ	शब्दार्थः	क्वण्	1	P	S	to hum	
क्वथेँ	निष्पाके	क्वथ्	1	P	S	to boil; to digest	
क्षजिँ	गतिदानयोः	क्षञ्ज्	1	A	S	to move; to give	घटादि, षित्, मित्
क्षणुँ	हिंसायाम्	क्षण्	8	U	S	to hurt; to break; to kill	
क्षपिँ	क्षान्त्याम्	क्षम्प्	10	U	S	to bear; to suffer	
क्षमूँष्	सहने	क्षम्	1	A	S	to allow; to suffer; to pardon	
क्षमूँष्	सहने	क्षम्	4	P	V	to allow; to suffer; to pardon	शमादि, पुषादि
क्षरँ	सञ्चलने	क्षर्	1	P	S	to flow; to distill	
क्षलँ	शौचकर्मणि	क्षल्	10	U	S	to wash; to cleanse	
क्षि	क्षये	क्षि	1	P	A	to decay	

क्षि	हिंसायाम्	क्षि	5	P	A	to destroy	
क्षि॒	निवासगत्योः	क्षि	6	P	A	to dwell; to move	
क्षिणुँ॑	हिंसायाम्	क्षिण्	8	U	S	to kill	
क्षि॒पँ	प्रेरणे	क्षिप्	4	P	A	to throw; to cast	
क्षि॒पँ॑	प्रेरणे	क्षिप्	6	U	A	to throw	
क्षिपँ	प्रेरणे	क्षिप्	10	U	S	to throw	
क्षीजँ	अव्यक्ते शब्दे	क्षीज्	1	P	S	to hum	
क्षीबृँ	मदे	क्षीब्	1	A	S	to be intoxicated	
क्षीवुँ	निरसने	क्षीव्	1	P	S	to spit	
क्षी॒ष्	हिंसायाम्	क्षी	9	P	A	to kill	
टुक्षु	शब्दे	क्षु	2	P	S	to cough	
क्षु॒दिँर्	सम्पेषणे	क्षुन्द्	7	U	A	to strike against; to pound	
क्षु॒धँ	बुभुक्षायाम्	क्षुध्	4	P	A	to be hungry	पुषादि
क्षुभँ॒	सञ्चलने	क्षुभ्	1	A	S	to be agitated	द्युतादि
क्षुभँ	सञ्चलने	क्षुभ्	4	P	S	to tremble	पुषादि
क्षुभँ	सञ्चलने	क्षुभ्	9	P	S	to tremble	
क्षुरँ	विलेखने	क्षुर्	6	P	S	to scratch or draw lines	
क्षेवुँ	निरसने	क्षेव्	1	P	S	to spit	
क्षै॒	क्षये	क्षै	1	P	A	to waste	
क्षौट	क्षेपे	क्षोट	10	U	S	to throw; to cast	
क्ष्णु	तेजने	क्ष्णु	2	P	S	to sharpen	
क्ष्मायीँ॒	शब्दे विधूनने च	क्ष्माय्	1	A	S	to sound; to shake	
क्ष्मीलँ	निमेषणे	क्ष्मील्	1	P	S	to twinkle; to close the eyelids	
ञिक्ष्विदाँ॒	अव्यक्ते शब्दे	क्ष्विद्	1	P	S	to utter an inarticulate sound	
ञिक्ष्विदाँ	स्नेहनमोचनयोः	क्ष्विद्	4	P	S	to be wet; to release	पुषादि
क्ष्वेलृँ	चलने	क्ष्वेल्	1	P	S	to tremble	
खचँ	भूतप्रादुर्भावे	खच्	9	P	S	to be born or produced again	
खजँ	मन्ये	खज्	1	P	S	to churn	
खजिँ	वैकल्ये	खञ्ज्	1	P	S	to limp; to walk lame	
खटँ	काङ्क्षायाम्	खट्	1	P	S	to desire; to search	
खट्टँ	संवरणे	खट्ट्	10	U	S	to cover	
खडँ	भेदने	खड्	10	U	S	to break; to disturb	
खडिँ॒	भेदने	खण्ड्	1	A	S	to break; to disturb	
खडिँ	भेदने	खण्ड्	10	U	S	to break; to disturb	
खदँ	स्थैर्ये हिंसायां च	खद्	1	P	S	to be steady; to kill; to eat	
खनुँ॑	अवदारणे	खन्	1	U	S	to dig	

खर्जँ	पूजने च	खर्ज्	1	P	S	to worship; to pain; to cleanse	
खर्दँ	दन्तशूके	खर्द्	1	P	S	to bite	
खर्वँ	गतौ	खर्ब्	1	P	S	to go	
खर्वँ	दर्पे	खर्व्	1	P	S	to be proud; to go	
खर्लँ	सञ्चये च	खल्	1	P	S	to move; to gather	
खवँ	भूतप्रादुर्भावे	खव्	1	P	S	to be born again	
खषँ	हिंसार्थाः	खष्	1	P	S	to kill	
खादृँ	भक्षणे	खाद्	1	P	S	to eat; to devour	
खिटँ	त्रासे	खिट्	1	P	S	to be frightened	
खिदँ	दैन्ये	खिद्	4	A	A	to be depressed; to suffer pain	
खिदँ	परिघाते	खिद्	6	P	A	to strike; to afflict	मुचादि
खिदँ	दैन्ये	खिद्	7	A	A	to be depressed; to suffer pain	
खुजुँ	स्तेयकरणे	खुज्	1	P	S	to steal	
खुडँ	संवरणे	खुड्	6	P	S	to sink	कुटादि
खुडिँ	खण्डने	खुण्ड्	10	U	S	to break into pieces	
खुरँ	छेदने	खुर्	6	P	S	to cut	
खुर्दँ	क्रीडायामेव	खुर्द्	1	A	S	to sport	
खेट	भक्षणे	खेट	10	U	S	to eat	
खेड	भक्षणे	खेड	10	U	S	to eat	
खेलृँ	चलने	खेल्	1	P	S	to shake	
खेवृँ	सेवने	खेव्	1	A	S	to serve	
खै	खेदने	खै	1	P	A	to strike	
खोट	भक्षणे	खोट्	10	U	S	to eat	
खोलृँ	गतिप्रतिघाते	खोल्	1	P	S	to limp	
ख्या	प्रकथने	ख्या	2	P	A	to tell; to relate	
गजँ	शब्दार्थः	गज्	1	P	S	to roar; to be drunk	
गजँ	मदे	गज्	1	P	S	to be drunk; to be confused	
गजँ	शब्दार्थः	गज्	10	U	S	to roar; to be drunk	
गजिँ	शब्दार्थः	गञ्ज्	1	P	S	to sound	
गडँ	सेचने	गड्	1	P	S	to distill; to draw	घटादि, मित्
गडिँ	वदनैकदेशे	गण्ड्	1	P	S	to affect the cheek	
गण	सङ्ख्याने	गण	10	U	S	to count; to enumerate	
गदँ	व्यक्तायां वाचि	गद्	1	P	S	to speak	
गद	देवशब्दे	गद	10	U	S	to thunder	
गन्धँ	अर्दने	गन्ध्	10	A	S	to injure	
गम्लृँ	गतौ	गम्	1	P	A	to go	मित्
गर्जँ	शब्दे	गर्ज्	1	P	S	to thunder	

गर्जँ	शब्दे	गर्ज्	10	U	S	to roar	
गर्दँ	शब्दे	गर्द्	1	P	S	to sound	
गर्दँ	शब्दे	गर्द्	10	U	S	to sound	
गर्धँ	अभिकाङ्क्षायाम्	गर्ध्	10	U	S	to wish	
गर्बँ	गतौ	गर्ब्	1	P	S	to go	
गर्वँ	दर्पे	गर्व्	1	P	S	to be proud	
गर्व	माने	गर्व	10	A	S	to be proud	
गर्ह॒ँ	कुत्सायाम्	गर्ह्	1	A	S	to blame	
गर्हँ	निन्दायाम्	गर्ह्	10	U	S	to censure	
गलँ	अदने	गल्	1	P	S	to eat; to drop; to fall down	
गल॒ँ	स्रवणे	गल्	10	A	S	to pour out; to filter	
गल्भ॒ँ	धाष्टर्ये	गल्भ्	1	A	S	to be bold	
गल्ह॒ँ	कुत्सायम्	गल्ह्	1	A	S	to blame	
गवेष	मार्गणे	गवेष	10	U	S	to seek; to hunt for	
गा॒	स्तुतौ	गा	3	P	A	to praise	
गा॒ङ्	गतौ	गा	1	A	A	to go	
गाधृँ	प्रतिष्ठालिप्सयोर्ग्रन्थे च	गाध्	1	A	S	to stand; to seek; to compose	
गाहूँ	विलोडने	गाह्	1	A	V	to dive into; to bathe	
गु॒	पुरीषोत्सर्गे	गु	6	P	A	to void by stool	कुटादि
गु॒ङ्	अव्यक्ते शब्दे	गु	1	A	A	to sound indistinctly	
गुजँ	शब्दे	गुज्	6	P	S	to hum; to buzz	कुटादि
गुजिँ	अव्यक्ते शब्दे	गुञ्ज्	1	P	S	to hum; to buzz	
गुठिँ	वेष्टने	गुण्ठ्	10	U	S	to cover; to enclose	
गुडँ	रक्षायाम्	गुड्	6	P	S	to protect	कुटादि
गुडिँ	वेष्टने	गुण्ड्	10	U	S	to cover	
गुण	आमन्त्रणे	गुण	10	U	S	to invite; to advise	
गुद॒ँ	क्रीडायामेव	गुद्	1	A	S	to play; to sport	
गुधँ	परिवेष्टने	गुध्	4	P	S	to cover	
गुधँ	रोषे	गुध्	9	P	S	to be angry	
गुप॒ँ	गोपने	गुप्	1	A	S	to conceal	
गुपँ	व्याकुलत्वे	गुप्	4	P	S	to be confused, disturbed	पुषादि
गुपँ	भाषार्थः	गुप्	10	U	S	to speak	
गुपूँ	रक्षणे	गुप्	1	P	V	to protect	
गुफँ	ग्रन्थे	गुफ्	6	P	S	to string together	
गुम्फँ	ग्रन्थे	गुम्फ्	6	P	S	to string together	
गुर॒ीँ	उद्यमने	गुर्	6	A	S	to make an effort	कुटादि

गुर्दँ	क्रीडायामेव	गुर्द्	1	A	S	to play	
गुर्दँ	पूर्वनिकेतने	गुर्द्	10	U	S	to dwell	
गुर्वीँ	उद्यमने	गुर्व्	1	P	S	to make an effort	
गुहूँ	संवरणे	गुह्	1	U	V	to cover; to keep secret	
गुरीँ	उद्यमने	गुर्	10	A	S	to make an effort	
गूरँ	हिंसागत्योः	गूर्	4	A	S	to kill; to go	
गृ	सेचने	गृ	1	P	A	to sprinkle	
गृ	विज्ञाने	गृ	10	A	S	to know	
गृजँ	शब्दार्थः	गृज्	1	P	S	to sound; to roar	
गृजिँ	शब्दार्थः	गृञ्ज्	1	P	S	to sound; to roar	
गृधुँ	अभिकाङ्क्षायाम्	गृध्	4	P	S	to covet; to desire	पुषादि
गृह	ग्रहणे	गृह	10	U	S	to seize	
गृहूँ	ग्रहणे	गृह्	1	A	V	to seize; to take	
गॄ	निगरणे	गॄ	6	P	S	to swallow; to emit	किरादि
गॄ	शब्दे	गॄ	9	P	S	to call out; to speak	प्वादि, ल्वादि
गॄ	विज्ञाने	गॄ	10	A	S	to know	
गेपृँ	कम्पने	गेप्	1	A	S	to shake; to tremble	
गेवृँ	सेवने	गेव्	1	A	S	to serve	
गेषृँ	अन्विच्छायाम्	गेष्	1	A	S	to seek	
गै	शब्दे	गै	1	P	A	to sing	
गोम	उपलेपने	गोम	10	U	S	to besmear	
गोष्टँ	सङ्घाते	गोष्ट्	1	A	S	to assemble	
ग्रथिँ	कौटिल्ये	ग्रन्थ्	1	A	S	to be crooked	
ग्रन्थँ	सन्दर्भे	ग्रन्थ्	9	P	S	to put together; to fasten	
ग्रन्थँ	बन्धने	ग्रन्थ्	10	U	S	to fasten; to string together	
ग्रन्थँ	सन्दर्भे	ग्रन्थ्	10	U	S	to put together; to compose	
ग्रसँ	ग्रहणे	ग्रस्	10	U	S	to take	
ग्रसुँ	अदने	ग्रस्	1	A	S	to swallow	
ग्रहँ	उपादने	ग्रह्	9	U	S	to take hold of; to seize	
ग्राम	आमन्त्रणे	ग्राम	10	U	S	to invite	
ग्रुचुँ	स्तेयकरणे	ग्रुच्	1	P	S	to rob	
ग्लसुँ	अदने	ग्लस्	1	A	S	to eat	
ग्लहँ	ग्रहणे	ग्लह्	1	A	S	to take; to receive	
ग्लुचुँ	स्तेयकरणे	ग्लुच्	1	P	S	to steal	
ग्लुञ्चुँ	गतौ	ग्लुञ्च्	1	P	S	to go	

ग्लेपृँ	दैन्ये	ग्लेप्	1	A	S	to be poor	
ग्लेपृँ	कम्पने	ग्लेप्	1	A	S	to tremble	
ग्लेवृँ	सेवने	ग्लेव्	1	A	S	to serve	
ग्लेषृँ	अन्विच्छायाम्	ग्लेष्	1	A	S	to seek	
ग्लै	हर्षक्षये	ग्लै	1	P	A	to be weary	मित्
घघँ	हसने	घघ्	1	P	S	to laugh	
घटँ	चेष्टायाम्	घट्	1	A	S	to be busy with; to happen	घटादि, षित्, मित्
घटँ	सङ्घाते	घट्	10	U	S	to collect together	
घटँ	भाषार्थः	घट्	10	U	S	to speak	
घटिँ	भाषार्थः	घण्ट्	10	U	S	to speak	
घट्टँ	चलने	घट्ट्	1	A	S	to shake; to touch	
घट्टँ	चलने	घट्ट्	10	U	S	to shake; to touch	
घषँ	कान्तिकरणे	घष्	1	A	S	to be right	
घस्लृँ	अदने	घस्	1	P	A	to eat	
घिणिँ	ग्रहणे	घिण्ण्	1	A	S	to take	
घुङ्	शब्दे	घु	1	A	A	to sound	
घुटँ	परिवर्तने	घुट्	1	A	S	to return; to exchange	द्युतादि
घुटँ	प्रतिघाते	घुट्	6	P	S	to strike against	कुटादि
घुणँ	भ्रमणे	घुण्	1	A	S	to roll; to whirl	
घुणँ	भ्रमणे	घुण्	6	P	S	to roll; to turn around	
घुणिँ	ग्रहणे	घुण्ण्	1	A	S	to take; to receive	
घुरँ	भीमार्थशब्दयोः	घुर्	6	P	S	to be frightful; to sound	
घुषिँ	कान्तिकरणे	घुंष्	1	A	S	to be bright	
घुषिँर्	अविशब्दने	घुष्	1	P	S	to sound; to declare	
घुषिँर्	विशब्दने	घुष्	10	U	S	to proclaim aloud	
घूरीँ	हिंसावयोहान्योः	घूर्	4	A	S	to kill; to become old	
घूर्णँ	भ्रमते	घूर्ण्	1	A	S	to move to and fro; to whirl	
घूर्णँ	भ्रमणे	घूर्ण्	6	P	S	to move to and fro; to whirl	
घृ	सेचने	घृ	1	P	A	to sprinkle	
घृ	क्षरणदीप्त्योः	घृ	3	P	A	to burn; to shine	
घृ	प्रस्रवणे	घृ	10	U	A	to sprinkle	
घृणिँ	ग्रहणे	घृण्ण्	1	A	S	to seize	
घृणुँ	दीप्तौ	घृण्	8	U	S	to shine; to burn	
घृषुँ	सङ्घर्षे	घृष्	1	P	S	to rule; to polish; to crush	
घ्रा	गन्धोपादने	घ्रा	1	P	A	to smell	

घुङ्	शब्दे	घु	1	A	A	to sound	
ङुङ्	शब्दे	ङु	1	A	A	to sound	
चकँ	तृप्तौ प्रतिघाते च	चक्	1	A	S	to be satisfied; to resist	
चकँ	तृप्तौ	चक्	1	P	S	to be satisfied	घटादि, मित्
चकासृँ	दीप्तौ	चकास्	2	P	S	to shine; to be prosperous	जक्षादि
चक्कँ	व्यथने	चक्क्	10	U	S	to give pain	
चक्षिँङ्	व्यक्तायां वाचि	चक्ष्	2	A	S	to speak; to tell; to say	
चञ्चुँ	गतौ	चञ्च्	1	P	S	to go	
चटँ	भेदने	चट्	10	U	S	to kill; to break	
चटँ	वर्षावरणयोः	चट्	1	P	S	to rain; to cover	
चणँ	दाने च	चण्	1	P	S	to give	घटादि, मित्
चतेँ	याचने	चत्	1	U	S	to ask	
चदिँ	आह्लादने दीप्तौ च	चन्द्	1	P	S	to be glad; to shine	
चदेँ	याचने	चद्	1	U	S	to ask	
चनँ	हिंसायाम्	चन्	1	P	S	to kill	घटादि, मित्
चनँ	श्रद्धोपहननयोः	चन्	10	U	S	to believe; to strike	
चपँ	सान्त्वने	चप्	1	P	S	to console	
चपँ	परिकल्कने	चप्	10	U	S	to grind; to cheat	
चपिँ	गत्याम्	चम्प्	10	U	S	to go; to move	
चमुँ	अदने	चम्	1	P	S	to eat	मित्
चमुँ	भक्षणे	चम्	5	P	S	to eat; to chew	
चयँ	गतौ	चय्	1	A	S	to go	
चरँ	गत्यर्थः	चर्	1	P	S	to walk	
चरँ	संशये	चर्	10	U	S	to doubt	
चर्चँ	परिभाषणहिंसातर्जनेषु	चर्च्	1	P	S	to discuss; to injure; to abuse	
चर्चँ	परिभाषणभर्त्सनयोः	चर्च्	6	P	S	to discuss; to abuse	
चर्चँ	अध्ययने	चर्च्	10	U	S	to study; to read over	
चर्बँ	गतौ	चर्ब्	1	P	S	to go	
चर्बँ	अदने	चर्व्	1	P	S	to eat	
चर्वँ	अदने	चर्व्	1	P	S	to eat	
चलँ	कम्पने	चल्	1	P	S	to stir; to shake	
चलँ	विलसने	चल्	6	P	S	to sport; to frolic	
चलँ	भृतौ	चल्	10	U	S	to foster	
चषँ	भक्षणे	चष्	1	U	S	to eat	
चहँ	परिकल्कने	चह्	1	P	S	to cheat	
चहँ	परिकल्कने	चह्	10	U	S	to cheat	मित्

चह	परिकल्कने	चह	10	U	S	to be wicked	
चायृँ[1]	पूजानिशामनयोः	चाय्	1	U	S	to worship; to observe	
चिञ्	चयने	चि	5	U	A	to heap up; to collect	
चिञ्	चयने	चि	10	U	S	to gather	मित्
चिटँ	परप्रैष्ये	चिट्	1	P	S	to send out	
चितँ	सञ्चेतने	चित्	10	A	S	to perceive; to be anxious	
चितिँ	स्मृत्याम्	चिन्त्	10	U	S	to think, to consider	
चितीँ	संज्ञाने	चित्	1	P	S	to notice; to understand	
चित्र	चित्रीकरणे	चित्र	10	U	S	to paint	
चिरि	हिंसायाम्	चिरि	5	P	S	to hurt; to kill	
चिलँ	वसने	चिल्	6	P	S	to put on clothes; to dress	
चिल्लँ	वसने	चिल्ल्	1	P	S	to become loose; to exhibit any भाव	
चीकँ	आमर्षणे	चीक्	10	U	S	to suffer	
चीभृँ	कत्थने	चीभ्	1	A	S	to boast	
चीवँ	भाषार्थः	चीव्	10	U	S	to speak; to shine	
चीवृँ[1]	आदानसँव्वरणयोः	चीव्	1	U	S	to take; to cover	
चुक्कँ	व्यथने	चुक्क्	10	U	S	to suffer pain	
चुच्यँ	अभिषवे	चुच्य्	1	P	S	to bathe	
चुटँ	छेदने	चुट्	6	P	S	to cut	
चुटँ	छेदने	चुट्	10	U	S	to cut	
चुटिँ	छेदने	चुण्ट्	10	U	S	to cut	
चुड्डँ	अल्पीभावे	चुड्ड्	10	U	S	to become small	
चुडँ	सँव्वरणे	चुड्	6	P	S	to conceal	कुटादि
चुडिँ	अल्पीभावे	चुण्ड्	1	P	S	to become small	
चुड्डँ	भावकरणे	चुड्ड्	1	P	S	to exhibit any भाव	
चुदँ	सञ्चोदने	चुद्	10	U	S	to direct; to throw	
चुपँ	मन्दायां गतौ	चुप्	1	P	S	to move slowly	
चुबिँ	वक्त्रसँय्योगे	चुम्ब्	1	P	S	to kiss	
चुबिँ	हिंसायाम्	चुम्ब्	10	U	S	to kill	
चुरँ	स्तेये	चुर्	10	U	S	to steal; to take	
चुलँ	समुच्छ्राये	चुल्	10	U	S	to raise	
चुल्लँ	भावकरणे	चुल्ल्	1	P	S	to exhibit any भाव	
चूरीँ	दाहे	चूर्	4	A	S	to burn	
चूर्णँ	प्रेरणे	चूर्ण्	10	U	S	to reduce to powder	
चूर्णँ	सङ्कोचने	चूर्ण्	10	U	S	to contract	
चूषँ	पाने	चूष्	1	P	S	to drink; to suck	
चृतीँ	हिंसाग्रन्थनयोः	चृत्	6	P	S	to hurt; to connect	

16

चृपँ	सन्दीपने	चृप्	10	U	S	to kindle	
चेलृँ	चलने	चेल्	1	P	S	to move; to go	
चेष्टँ	चेष्टायाम्	चेष्ट्	1	A	S	to stir; to make effort	
च्यु	सहने	च्यु	10	U	S	to bear; to endure	
च्युङ्	गतौ	च्यु	1	A	A	to go; to drop down	
च्युतिँर्	आसेचने	च्युत्	1	P	S	to flow; to drop down	
च्युसँ	सहने	च्युस्	10	U	S	to bear; to endure	
छजि	कृच्छ्रजीवने	छञ्ज्	10	U	S	to live in difficulty	
छदँ	आवरणे	छद	10	U	S	to conceal	
छदिँ	सँव्वरणे	छन्द्	10	U	S	to cover; to please	
छमुँ	अदने	छम्	1	P	S	to eat	मित्
छर्दँ	वमने	छर्द्	10	U	S	to vomit	
छषँ	हिंसायाम्	छष्	1	U	S	to hurt	
छिदिँर्	द्वैधीकरणे	छिद्	7	U	A	to cut; to mow	
छिद्र	कर्णभेदने	छिद्र	10	U	S	to pierce the ear	
छुटँ	छेदने	छुट्	6	P	S	to cut; to split	कुटादि
छुडँ	सँव्वरणे	छुड्	6	P	S	to cover	कुटादि
छुपँ	स्पर्शे	छुप्	6	P	A	to touch	
छुरँ	छेदने	छुर्	6	P	S	to cut; to intermix	कुटादि
उँछृदिँर्	दीप्तिदेवनयोः	छृद्	7	U	S	to shine; to play; to vomit	
छृदीँ	सन्दीपने	छृद्	10	U	S	to kindle	
छृपँ	सन्दीपने	छृप्	10	U	S	to kindle	
छेद	द्वैधीकरणे	छेद्	10	U	S	to divide; to cut	
छो	छेदने	छो	4	P	A	to cut	
जक्षँ	भक्षणहसनयोः	जक्ष्	2	P	S	to consume; to eat; to laugh	रुदादि, जक्षादि
जजँ	युद्धे	जज्	1	P	S	to fight	
जजिँ	युद्धे	जञ्ज्	1	P	S	to fight	
जटँ	सङ्घाते	जट्	1	P	S	to clot; to become twisted	
जनँ	जनने	जन्	3	P	S	to produce	
जनीँ	प्रादुर्भावे	जन्	4	A	S	to be born	मित्
जपँ	व्यक्तायां वाचि मानसे च	जप्	1	P	S	to mutter; to invoke in a low voice	
जभिँ	नाशने	जम्भ्	10	U	S	to destroy	
जभीँ	गात्रविनामे	जम्भ्	1	A	S	to yawn	
जमुँ	अदने	जम्	1	P	S	to eat	मित्
जर्जँ	परिभाषहिंसातर्जनेषु	जर्ज्	1	P	S	to speak; to hurt; to abuse; to threaten	
जर्जँ	परिभाषणतर्जनयोः	जर्ज्	6	P	S	to speak; to abuse	

जलँ	घातने	जल्	1	P	S	to be sharp	
जलँ	अपवारणे	जल्	10	U	S	to cover	
जल्पँ	व्यक्तायां वाचि	जल्प्	1	P	S	to murmur; to prattle	
जषँ	हिंसार्थः	जष्	1	P	S	to hurt; to kill	
जसिँ	रक्षणे	जंस्	10	U	S	to protect	
जसुँ	मोक्षणे	जस्	4	P	S	to set free	पुषादि
जसुँ	हिंसायाम्	जस्	10	U	S	to hurt	
जसुँ	ताडने	जस्	10	U	S	to beat	
जा॒गृ	निद्राक्षये	जागृ	2	P	S	to awake	जक्षादि
जि॒	जये	जि	1	P	A	to conquer	
जि॒	अभिभवे	जि	1	P	A	to defeat	
जिमुँ	अदने	जिम्	1	P	S	to eat	
जिरि	हिंसायाम्	जिरि	5	P	S	to hurt; to kill	
जिविँ	प्रीणने	जिन्व्	1	P	S	to please	
जिषुँ	सेचने	जिष्	1	P	S	to sprinkle	
जीवँ	प्राणधारणे	जीव्	1	P	S	to live	
जु	गतौ वेगे च	जु	सौ	P	A	to go; to be quick	
जुगिँ	वर्जने	जुङ्ग्	1	P	S	to exclude	
जुडँ	गतौ	जुड्	6	P	S	to go	
जुडँ	बन्धने	जुड्	6	P	S	to bind	
जुडँ	प्रेरणे	जुड्	10	U	S	to send	
जुतृँ	भासने	जुत्	1	A	S	to shine	
जुनँ	गतौ	जुन्	10	U	S	to think; to examine	
जुषँ	परितर्कणे	जुष्	10	U	S	to think; to examine	
जुषी॒	प्रीतिसेवनयोः	जुष्	6	A	S	to like; to enjoy	
जूरीँ	हिंसावयोहान्योः	जूर्	4	A	S	to kill; to grow old	
जूषँ	हिंसायाम्	जूष्	1	P	S	to kill	
जृभिँ	गात्रविनामे	जृम्भ्	1	A	S	to yawn	
जॄ	वयोहानौ	जॄ	9	P	S	to grow old; to wear out	प्वादि, ल्वादि
जॄ	वयोहानौ	जॄ	10	U	S	to grow old; to wear out	
जॄष्	वयोहानौ	जॄ	4	P	S	to grow old	मित्
जेषृँ	गतौ	जेष्	1	A	S	to go	
जेहृँ	प्रयत्ने	जेह्	1	A	S	to try	
जै॒	क्षये	जै	1	P	A	to decay	
ज्ञपँ	मारणतोषणनिशामनेषु	ज्ञप्	10	U	S	to kill; to satisfy; to behold	मित्
ज्ञा	मारणतोषणनिशामनेषु	ज्ञा	1	P	S	to kill; to satisfy; to behold	घटादि, मित्

ज्ञा	अवबोधने	ज्ञा	9	P	A	to know	
ज्ञा	नियोगे	ज्ञा	10	U	S	to direct	
ज्या	वयोहानौ	ज्या	9	P	A	to become old	प्वादि, ल्वादि
ज्युङ्	गतौ	ज्यु	1	A	A	to go	
ज्रि	अभिभवे	ज्रि	1	P	A	to defeat	
ज्रि	वयोहानौ	ज्रि	10	U	S	to become old	
ज्वरँ	रोगे	ज्वर्	1	P	S	to be hot with fever or passion	घटादि, मित्
ज्वलँ	दीप्तौ	ज्वल्	1	P	S	to burn; to glow	घटादि, मित्
झटँ	सङ्घाते	झट्	1	P	S	to be collected or matted together	
झमुँ	अदने	झम्	1	P	S	to eat	मित्
झर्झँ	परिभाषणहिंसातर्जनेषु	झर्झ्	1	P	S	to discuss; to injure; to blame	
झर्झँ	परिभाषणभर्त्सनयोः	झर्झ्	6	P	S	to discuss; to blame	
झषँ	हिंसार्थः	झष्	1	P	S	to kill	
झषँ॑	आदानसँव्वरणयोः	झष्	1	U	S	to take; to conceal; to put on	
झॄ	वयोहानौ	झॄ	9	P	S	to become old	प्वादि, ल्वादि
झॄष्	वयोहानौ	झॄ	4	P	S	to become old	
टकिँ	बन्धने	टङ्क्	10	U	S	to bind	
टलँ	वैक्लब्ये	टल्	1	P	S	to be confused	
टिकृँ	गतौ	टिक्	1	A	S	to go; to move	
टीकृँ	गतौ	टीक्	1	A	S	to go	
ट्वलँ	वैक्लब्ये	ट्वल्	1	P	S	to be confused	
डपँ	सङ्घाते	डप्	10	A	S	to gather; to heap	
डिपँ	क्षेपे	डिप्	4	P	S	to throw	पुषादि
डिपँ	क्षेपे	डिप्	6	P	S	to throw	कुटादि
डिपँ	क्षेपे	डिंप्	10	U	S	to throw; to send	
डिपँ	सङ्घाते	डिप्	10	A	S	to gather	
डीङ्	विहायसा गतौ	डी	1	A	S	to fly	
डीङ्	विहायसा गतौ	डी	4	A	S	to fly	
ढौकृँ	गतौ	ढौक्	1	A	S	to go; to approach	
णक्षँ	गतौ	नक्ष्	1	P	S	to go; to move	
णखँ	गत्यर्थः	नख्	1	P	S	to go	
णखिँ	गत्यर्थः	नङ्ख्	1	P	S	to go	
णटँ	नृत्तौ	नट्	1	P	S	to dance; to act	घटादि, मित्
णटँ	अवस्यन्दने	नट्	10	U	S	to drop; to fall	
णदँ	अव्यक्ते शब्दे	नद्	1	P	S	to sound; to thunder	
णदँ	भाषार्थः	नद्	10	U	S	to speak; to shine	

णभँ॒	हिंसायाम्	नभ्	1	A	S	to kill; to hurt	द्युतादि
णभँ	हिंसायाम्	नभ्	4	P	S	to kill; to hurt	पुषादि
णभँ	हिंसायाम्	नभ्	9	P	S	to kill; to hurt	
ण॒मँ	प्रह्वत्वे शब्दे च	नम्	1	P	A	to salute; to bend; to sound	मित्
णयँ॒	गतौ	नय्	1	A	S	to go; to protect	
णलँ	गन्धे	नल्	1	P	S	to smell; to bind	
णशँ	अदर्शने	नश्	4	P	S	to be lost; to perish	पुषादि, रधादि
णसँ॒	कौटिल्ये	नस्	1	A	S	to be crooked or fraudulent	
ण॒हँ	बन्धने	नह्	4	U	A	to tie; to bind	
णासृँ	शब्दे	नास्	1	A	S	to sound	
णिक्षँ	चुम्बने	निक्ष्	1	P	S	to kiss	
णिजिँ॒	शुद्धौ	निञ्ज्	2	A	S	to wash; to purify	
णि॒जिँर्	शौचपोषणयोः	निज्	3	U	A	to wash; to nourish	निजादि
णिदिँ	कुत्सायाम्	निन्द्	1	P	S	to blame; to condemn	
णिदृँ	कुत्सासन्निकर्षयोः	निद्	1	U	S	to blame; to reach	
णिलँ	गहणे	निल्	6	P	S	to understand with difficulty	
णिशँ	समाधौ	निश्	1	P	S	to meditate; to think	
णिसिँ॒	चुम्बने	निंस्	2	A	S	to kiss	
णी॒ञ्	प्रापणे	नी	1	U	A	to lead	
णीलँ	वर्णे	नील्	1	P	S	to color	
णीवँ	स्थौल्ये	नीव्	1	P	S	to become fat; to grow	
णु	स्तुतौ	नु	2	P	S	to praise; to commend	
णु॒दँ॑	प्रेरणे	नुद्	6	U	A	to push; to incite; to remove	
णु॒दँ	प्रेरणे	नुद्	6	P	A	to push; to incite; to remove	
णू	स्तवने	नू	6	P	S	to praise	कुटादि
णेदृँ	कुत्सासन्निकर्षयोः	नेद्	1	U	S	to blame; to reach	
णेषृँ	गतौ	नेष्	1	A	S	to go; to reach	
तकँ	हसने	तक्	1	P	S	to laugh; to bear	
तकिँ	कृच्छ्रजीवने	तङ्क्	1	P	S	to live in difficulty	
तक्षँ	त्वचने	तक्ष्	1	P	S	to conceal; to pare	
तक्षूँ	तनूकरणे	तक्ष्	1	P	V	to pare; to cut	
तगिँ	गत्यर्थः	तङ्ग्	1	P	S	to go; to stumble; to shake	
तञ्चुँ	गत्यर्थः	तञ्च्	1	P	S	to go	
तञ्चूँ	सङ्कोचने	तञ्च्	7	P	S	to contract; to shrink	
तटँ	उच्छ्राये	तट्	1	P	S	to grow	
तडँ	आघाते	तड्	10	U	S	to beat	

तडँ	भाषार्थः	तड्	10	U	S	to speak	
तडिँ	ताडने	तण्ड्	1	A	S	to beat	
तत्रिँ	कुटुम्बधारणे	तन्त्र्	10	A	S	to support; to govern	
तनुँ	विस्तारे	तन्	8	U	S	to spread	
तनुँ	श्रद्धोपकरणयोः	तन्	10	U	S	to believe; to subserve; to help; to assist; to serve	
तपँ	सन्तापे	तप्	1	P	A	to heat; to shine	
तपँ	ऐश्वर्ये	तप्	4	A	A	to rule; to be powerful	
तपँ	दाहे	तप्	10	U	S	to heat	
तमुँ	काङ्क्षायाम्	तम्	4	P	S	to be anxious; to be fatigued	शमादि, पुषादि
तयँ	गतौ	तय्	1	A	S	to go	
तर्कँ	भाषार्थः	तर्क्	10	U	S	to guess; to suppose	
तर्जँ	भर्त्सने	तर्ज्	1	P	S	to threaten; to menace	
तर्जँ	तर्जने	तर्ज्	10	A	S	to blame	
तर्दँ	हिंसायाम्	तर्द्	1	P	S	to kill; to hurt	
तलँ	प्रतिष्ठायाम्	तल्	10	U	S	to establish	
तसिँ	अलङ्करणे	तंस्	10	U	S	to decorate; to assume	
तसुँ	उपक्षये	तस्	4	P	S	to be decreased	पुषादि
तायृँ	सन्तानपालनयोः	ताय्	1	A	S	to spread; to protect	
तिकँ	गतौ च	तिक्	5	P	S	to go; to attack	
तिकृँ	गतौ	तिक्	1	A	S	to go	
तिगँ	गतौ च	तिग्	5	P	S	to go; to attack	
तिजँ	निशाने क्षमायां च	तिज्	1	A	S	to endure; to suffer with courage	
तिजँ	निशाने	तिज्	10	U	S	to whet, to sharpen	
तिपृँ	क्षरणार्थः	तिप्	1	A	A	to drop down; to sprinkle	
तिमँ	आर्द्रीभावे	तिम्	4	P	S	to be wet	
तिलँ	गतौ	तिल्	1	P	S	to go	
तिलँ	स्नेहे	तिल्	6	P	S	to be oily or unctuous	
तिलँ	स्नेहने	तिल्	10	U	S	to be oily or unctuous	
तिल्लँ	गतौ	तिल्ल्	1	P	S	to go	
तीकृँ	गतौ	तीक्	1	A	S	to go	
तीर	कर्मसमाप्तौ	तीर	10	U	S	to finish; to accomplish	
ती	स्थौल्ये	तीव्	1	P	S	to be fat	
तु	गतिवृद्धिहिंसासु	तु	2	P	A	to go; to grow; to kill	
तुजँ	हिंसायाम्	तुज्	1	P	S	to kill; to hurt	
तुजिँ	पालने	तुञ्ज्	1	P	S	to protect	
तुजिँ	हिंसाबलादाननिकेतनेषु	तुञ्ज्	10	U	S	to kill; to be strong; to live	

तुजिँ	भाषार्थः	तुञ्ज्	10	U	S	to speak	
तुटँ	कलहकर्मणि	तुट्	6	P	S	to quarrel; to cut	
तुडँ	तोडने	तुड्	6	P	S	to tear; to kill	
तुडिँ	तोडने	तुण्ड्	1	A	S	to tear	
तुडृ	तोडने	तुड्	1	P	S	to tear	
तुणँ	कौटिल्ये	तुण्	6	P	S	to curve	
तुत्थ	आवरणे	तुत्थ	10	U	S	to cover	
तुदँ।	व्यथने	तुद्	6	U	A	to strike; to wound	
तुपँ	हिंसार्थः	तुप्	1	P	S	to kill	
तुपँ	हिंसार्थः	तुप्	6	P	S	to kill	
तुफँ	हिंसार्थः	तुफ्	1	P	S	to kill	
तुफँ	हिंसार्थः	तुफ्	6	P	S	to kill	
तुबिँ	अर्दने	तुम्ब्	1	P	S	to hurt; to give pain	
तुबिँ	अदर्शने	तुम्ब्	10	U	S	to be invisible	
तुभँ	हिंसायाम्	तुभ्	1	A	S	to kill	द्युतादि
तुभँ	हिंसायाम्	तुभ्	4	P	S	to hurt; to kill	पुषादि
तुभँ	हिंसायाम्	तुभ्	9	P	S	to hurt; to kill	
तुम्पँ	हिंसार्थः	तुम्प्	1	P	S	to kill	
तुम्पँ	हिंसार्थः	तुम्प्	6	P	S	to kill	
तुम्फँ	हिंसार्थः	तुम्फ्	1	P	S	to kill	
तुम्फँ	हिंसार्थः	तुम्फ्	6	P	S	to kill	
तुरँ	त्वरणे	तुर्	3	P	S	to hurry; to hasten; to run	
तुर्वीँ	हिंसायाम्	तुर्व्	1	P	S	to hurt; to kill	
तुलँ	उन्माने	तुल्	10	U	S	to weigh; to examine	
तुषँ	प्रीतौ	तुष्	4	P	A	to be pleased or satisfied	पुषादि
तुसँ	शब्दे	तुस्	1	P	S	to sound	
तुहिँर्	अर्दने	तुह्	1	P	S	to torment; to kill	
तूणँ	पूरणे	तूण्	10	A	S	to fill up	
तूरीँ	गतित्वरणहिंसनयोः	तूर्	10	A	S	to go hastily; to kill	
तूलँ	निष्कर्षे	तूल्	1	P	S	to determine the quantity of; to weigh	
तूषँ	तुष्टौ	तूष्	1	P	S	to be satisfied	
तृक्षँ	गतौ	तृक्ष्	1	P	S	to go	
तृणुँ	अदने	तृण्	8	U	S	to eat	
उँ।तृदिँ।र्	हिंसानादरयोः	तृद्	7	U	S	to destroy; to disregard	
तृपँ	प्रीणने	तृप्	4	P	V	to please	पुषादि, रधादि
तृपँ	प्रीणने	तृप्	5	P	S	to please	

तृपँ	तृप्तौ	तृप्	6	P	S	to be pleased; to please	
तृपँ	तृप्तौ	तृप्	10	U	S	to be satisfied; to light	
तृफँ	तृप्तौ	तृफ्	6	P	S	to please	
तृम्पँ	तृप्तौ	तृम्फ्	6	P	S	to be satisfied; to shine	
ञितृषँ	पिपासायाम्	तृष्	4	P	S	to be thirsty	पुषादि
तृंहूँ	हिंसार्थः	तृंह्	6	P	V	to kill	
तृहँ	हिंसायाम्	तृह्	7	P	S	to kill; to hurt	
तृहूँ	हिंसायाम्	तृह्	6	P	V	to injure; to kill	
तॄ	प्लवतरणयोः	तॄ	1	P	S	to swim; to cross over	
तेजँ	पालने	तेज्	1	P	S	to protect	
तेपृँ	क्षरणार्थः	तेप्	1	A	S	to ooze; to sprinkle	
तेपृँ	कम्पने	तेप्	1	A	S	to shake; to tremble	
तेवृँ	देवने	तेव्	1	A	S	to play; to sport	
त्यजँ	हानौ	त्यज्	1	P	A	to abandon	
त्रकिँ	गत्यर्थः	त्रङ्क्	1	A	S	to go	
त्रखँ	गतौ	त्रक्ष्	1	P	S	to go	
त्रखिँ	गतौ	त्रख्	1	P	S	to go	
त्रदिँ	चेष्टायाम्	त्रन्द्	1	P	S	to act; to perform some function	
त्रपूँष्	लज्जायाम्	त्रप्	1	A	V	to be ashamed	
त्रसँ	धारणे	त्रस्	10	U	S	to hold; to take; to oppose	
त्रसिँ	भाषार्थः	त्रंस्	10	U	S	to speak	
त्रसिँ	उद्वेगे	त्रस्	4	P	S	to tremble; to fear	
त्रिखिँ	गत्यर्थः	त्रिङ्ख्	1	P	S	to go	
त्रुटँ	च्छेदने	त्रुट्	6	P	S	to tear	
त्रुटँ	च्छेदने	त्रुट्	10	U	S	to tear	
त्रुपँ	हिंसार्थः	त्रुप्	1	P	S	to kill	
त्रुफँ	हिंसार्थः	त्रुफ्	1	P	S	to kill	
प्रुम्पँ	हिंसार्थः	त्रुम्प्	1	P	S	to kill	
त्रुम्फँ	हिंसार्थः	त्रुम्फ्	1	P	S	to kill	
त्रैङ्	पालने	त्रै	1	A	A	to protect	
त्रौकृँ	गत्यर्थः	त्रौक्	1	A	S	to go	
त्वक्षूँ	तनूकरणे	त्वक्ष्	1	P	V	to pare	
त्वगिँ	गत्यर्थः	त्वङ्ग्	1	P	S	to go; to shake	
त्वचँ	सँव्वरणे	त्वच्	6	P	S	to cover	
त्वञ्चुँ	गत्यर्थः	त्वञ्च्	1	P	S	to go; to move	
ञित्वराँ	सम्भ्रमे	त्वर्	1	A	S	to hurry; to move with speed	घटादि,

							षित्, मित्
त्वि॒षँ॑	दीप्तौ	त्विष्	1	U	A	to shine; to glitter	
त्सरँ	छद्मगतौ	त्सर्	1	P	S	to proceed with fraud	
थुडँ	सँव्वरणे	थुड्	6	P	S	to cover	
थुर्वीँ	हिंसार्थः	थुर्व्	1	P	S	to injure	
दं॒शँ	दशने	दंश्	1	P	A	to bite; to sting; to speak	
दक्षँ॒	वृद्धौ शीघ्रार्थे च	दक्ष्	1	A	S	to grow; to go in speed	
दक्षँ॒	गतिहिंसनयोः	दक्ष्	1	A	S	to go; to hurt	घटादि, षित्, मित्
दघँ	घातने पालने च	दघ्	5	P	S	to kill; to protect	
दण्ड	दण्डनिपातने	दण्ड	10	U	S	to punish; to fine	
ददँ॒	दाने	दद्	1	A	S	to give	
दधँ॒	धारणे	दध्	1	A	S	to hold; to present	
दमुँ	उपशमे	दम्	4	P	S	to be tamed	शमादि, पुषादि
दम्भुँ	दम्भने	दम्भ्	5	P	S	to deceive; to hurt	
दयँ॒	दानगतिरक्षणहिंसाऽऽदानेषु	दय्	1	A	S	to give; to go; to protect; to hurt; to take	
द॒रि॒द्रा	दुर्गतौ	दरिद्रा	2	P	S	to be poor; to be needy	जक्षादि
दलँ	विशरणे	दल्	1	P	S	to burst open; to expand	
दलँ	विदारणे	दल्	10	U	S	to tear	
दशिँ॒	दंशने	दंश्	10	A	S	to bite; to sting	
दशिँ	भाषार्थः	दंश्	10	U	S	to speak	
दसिँ॒	दर्शनदंशनयोः	दंस्	10	A	S	to see; to bite	
दसिँ	भाषार्थः	दंस्	10	U	S	to speak	
दसुँ	उपक्षये	दस्	4	P	S	to perish	पुषादि
दसुँ	दर्शनदंशनयोः	दस्	10	U	S	to see; to bite	
द॒हँ	भस्मीकरणे	दह्	1	P	A	to burn; to pain	
डुदा॒ञ्	दाने	दा	3	U	A	to give; to put	घु
दा॒ण्	दाने	दा	1	P	A	to give	घु
दानँ	खण्डने	दान्	1	U	S	to cut; to make straight	
दा॒प्	लवने	दा	2	P	A	to cut	not घु
दाशृँ॑	हिंसायाम्	दाश्	5	P	S	to kill; to injure	
दाशृँ	दाने	दाश्	1	U	S	to give	
दासृँ॑	दाने	दास्	1	U	S	to give	
दिपृँ	क्षरणे	दिप्	1	P	S	to throw; to cast	
दिविँ	प्रीणने	दिन्व्	1	P	S	to gladden; to please	
दिवुँ	क्रीडा विजिगीषा व्यवहार द्युति स्तुति मोद मद स्वप्न कान्ति	दिव्	4	P	S	to play; to wish; to sell; to shine; to praise; rejoice; to be drunk or mad; to be sleepy; to go	

	गतिषु						
दिवुँ	परिकूजने	दिव्	10	A	S	to cause to lament	
दिवुँ	मर्दने	दिव्	10	A	S	to suffer pain	
दिशँ॑	अतिसर्जने	दिश्	6	U	A	to point out; to show; to grant; allow	
दिहँ॑	उपचये	दिह्	2	U	A	to augment; to anoint	
दीक्षँ	मौण्ड्य इज्या उपनयन नियम व्रतादेशेषु	दीक्ष्	1	A	S	to be shaved; to dedicate oneself, invest with sacred thread; to practice self-restraint; to prepare oneself for the performance of a sacrifice	
दीङ्	क्षये	दी	4	A	A	to perish	
दीधीङ्	दीप्तिदेवनयोः	दीधी	2	A	S	to shine; to appear	जक्षादि
दीपीँ	दीप्तौ	दीप्	4	A	S	to shine; to burn	
दु	गतौ	दु	1	P	A	to go	
टुदु	उपतापे	दु	5	P	A	to burn; to distress; to give pain	
दुःख	तत्क्रियायाम्	दुःख	10	U	S	to give pain	
दुर्वीँ	हिंसार्थः	दुर्व्	1	P	S	to kill	
दुलँ	उत्क्षेपे	दुल्	10	U	S	to shake to and fro	
दुषँ	वैकृत्ये	दुष्	4	P	A	to be bad or corrupted; to be impure	पुषादि
दुहँ॑	प्रपूरणे	दुह्	2	U	A	to milk; to make profit	
दुहिँर्	अर्दने	दुह्	1	P	S	to hurt; to give pain	
दूङ्	परितापे	दू	4	A	S	to suffer pain; to be sorry	
दृ	हिंसायाम्	दृ	5	P	A	to hurt; to kill	
दृङ्	आदरे	दृ	6	A	A	to worship, to regard	किरादि
दृपँ	हर्षमोहनयोः	दृप्	4	P	V	to be glad; to be proud	पुषादि, रधादि
दृपँ	उत्क्लेशे	दृप्	6	P	S	to afflict; to hurt	
दृफँ	सन्दीपने	दृप्	10	U	S	to excite; to kindle	
दृभँ	सन्दर्भे	दृभ्	10	U	S	to string together	
दृभीँ	ग्रन्थे	दृभ्	6	P	S	to string; to put together	
दृभीँ	भये	दृभ्	10	U	S	to fear	
दृम्फँ	उत्क्लेशे	दृम्फ्	6	P	S	to afflict; to hurt	
दृशिँर्	प्रेक्षणे	दृश्	1	P	A	to see; to visit; to know	
दृहँ	वृद्धौ	दृह्	1	P	S	to grow; to be fixed or firm	
दृहिँ	वृद्धौ	दृंह्	1	P	S	to grow; to be fixed or firm	
दॄ	भये	दॄ	1	P	S	to fear	घटादि, मित्
दॄ	विदारणे	दॄ	9	P	S	to tear; to divide	प्वादि, ल्वादि
देङ्	रक्षणे	दे	1	A	A	to protect; to cherish	घु
देवृँ	देवने	देव्	1	A	S	to sport; to lament	

दै॒प्	शोधने	दै	1	P	A	to purify; to be purified	not घु
दो॒	अवखण्डने	दो	4	P	A	to cut; to divide; to move	घु
द्यु॒	अभिगमने	द्यु	2	P	A	to advance toward; to attack	
द्यु॒तँ	दीप्तौ	द्युत्	1	A	S	to shine	द्युतादि
द्यै॒	न्यक्करणे	द्यै	1	P	A	to despise	
द्रमँ	गतौ	द्रम्	1	P	S	to run	
द्रा	कुत्सायां गतौ	द्रा	2	P	A	to run; to sleep	
द्राक्षिँ	घोरवासिते च	द्राङ्क्ष्	1	P	S	to make a discordant sound	
द्राखृँ	शोषणामलमर्थयोः	द्राख्	1	P	S	to become dry; to be able; to prevent	
द्राघृँ	सामर्थ्ये आयामे च	द्राघ्	1	A	S	to be able; to lengthen	
द्राडृँ	विशरणे	द्राड्	1	A	S	to cut; to divide; to split	
द्रा॒हृँ	निद्राक्षये	द्राह्	1	A	S	to wake	
द्रु॒	गतौ	द्रु	1	P	A	to run; to flow	
द्रुणँ	हिंसागतिकौटिल्येषु	द्रुण्	6	P	S	to kill; to go; to make curved	
द्रुहँ	जिघांसायाम्	द्रुह्	4	P	V	to bear malice or hatred	पुषादि, रधादि
द्रूङ्	हिंसायाम्	द्रू	9	U	S	to kill; to hurt	
द्रेकृँ	शब्दनोत्साहयोः	द्रेक्	1	A	S	to sound; to show energy	
द्रै॒	स्वप्ने	द्रै	1	P	A	to sleep	
द्वि॒षँ॑	अप्रीतौ	द्विष्	2	U	A	to hate	
ह्वृ॒	सँव्वरणे	ह्वृ	1	P	A	to cover; to accept	
धक्कँ	नाशने	धक्क्	10	U	S	to destroy	
धणँ	शब्दे	धण्	1	P	S	to sound	
धनँ	धान्ये	धन्	3	P	S	to produce fruit	
धविँ	गत्यर्थकः	धन्व्	1	P	S	to go	
डुधा॒ञ्	धारणपोषणयोः	धा	3	U	A	to put; to grant; to bear; to produce	घु
धावुँ॑	गतिशुद्ध्योः	धाव्	1	U	S	to run; to wash; to cleanse	
धि॒	धारणे	धि	6	P	A	to have; to hold	
धिक्षँ॒	सन्दीपनक्लेशनजीवनेषु	धिक्ष्	1	A	S	to kindle; to be fatigued; to live	
धिविँ	प्रीणने	धिन्व्	1	P	S	to please; to delight	
धिषँ	शब्दे	धिष्	3	P	S	to sound	
धी॒ङ्	आधारे	धी	4	A	A	to hold	
धुक्षँ॒	सन्दीपनक्लेशनजीवनेषु	धुक्ष्	1	A	S	to kindle; to be fatigued; to live	
धु॒ञ्	कम्पने	धु	5	U	A	to shake; to excite	
धुर्वीँ	हिंसार्थः	धुर्व्	1	P	S	to hurt	
धू	विधूनने	धू	6	P	S	to shake	कुटादि

धूञ्	कम्पने	धू	5	U	V	to shake	
धूञ्	कम्पने	धू	9	U	V	to shake	प्वादि, ल्वादि
धूञ्	कम्पने	धू	10	U	S	to shake	
धूपँ	सन्तापे	धूप्	1	P	S	to heat; to be heated	
धूपँ	भाषार्थः	धूप्	10	U	S	to speak; to shine	
धूरीँ	हिंसागत्योः	धूर्	4	A	S	to kill; to go	
धूशँ	कान्तिकरणे	धूस्	10	U	S	to adorn; to decorate	
धूषँ	कान्तिकरणे	धूस्	10	U	S	to adorn; to decorate	
धूसँ	कान्तिकरणे	धूस्	10	U	S	to adorn; to decorate	
धृङ्	अवध्वंसने	धृ	1	A	A	to destroy	
धृङ्	अवस्थाने	धृ	6	A	A	to be; to exist	किरादि
धृजँ	गत्यर्थः	धृज्	1	P	S	to go	
धृजिँ	गत्यर्थः	धृञ्ज्	1	P	S	to go	
धृञ्	धारणे	धृ	1	U	A	to hold; to bear; to support	
धृषँ	प्रसहने	धृष्	10	U	S	to offend; to insult; to conquer	
ञिधृषाँ	प्रागल्भ्ये	धृष्	5	P	S	to be bold; to be confident	
धॄ	वयोहानौ	धॄ	9	P	S	to become old	प्वादि, ल्वादि
धेक	दर्शने	धेक्	10	U	S	to see	
धेट्	पाने	धे	1	P	A	to suck; to draw away	घु
धेपृँ	गतौ	धेप्	1	A	S	to go	
धोर्ऋँ	गतिचातुर्ये	धोर्	1	P	S	to tread skilfully; to be skilful	
ध्मा	शब्दाग्निसँय्योगयोः	ध्मा	1	P	A	to exhale; to blow; to throw away	
ध्यै	चिन्तायाम्	ध्यै	1	P	A	to think of; to ponder over; to contemplate	
ध्रजँ	गतौ	ध्रज्	1	P	S	to go	
ध्रजिँ	गतौ	ध्रञ्ज्	1	P	S	to go	
ध्रणँ	शब्दे	ध्रण्	1	P	S	to sound; to beat a drum	
उँध्रसँ	उञ्छे	ध्रस्	9	P	S	to glean	
ध्राक्षिँ	घोरवासिते च	ध्राङ्क्ष्	1	P	S	to crow; to desire	
ध्राखृँ	शोषणालमर्थयोः	ध्राख्	1	P	S	to be dry; to clear	
ध्राडृँ	विशरणे	ध्राड्	1	A	S	to cut; to tear	
ध्रु	स्थैर्ये	ध्रु	1	P	A	to be firm	
ध्रु	गतिस्थैर्ययोः	ध्रु	6	P	A	to go; to be firm	कुटादि
ध्रुवँ	गतिस्थैर्ययोः	ध्रु	6	P	A	to go; to be firm	कुटादि
ध्रेकृँ	शब्दोत्साहयोः	ध्रेक्	1	A	S	to sound; to be joyful	

धै	तृप्तौ	धै	1	P	A	to be pleased or satisfied	
ध्वजँ	गतौ	ध्वज्	1	P	S	to go	
ध्वजिँ	गतौ	ध्वञ्ज्	1	P	S	to go	
ध्वणँ	शब्दार्थः	ध्वण्	1	P	S	to sound	
ध्वनँ	शब्दे	ध्वन्	1	P	S	to sound; to echo; to thunder	घटादि, मित् फणादि
ध्वन	शब्दे	ध्वन	10	U	S	to sound indistinctly	
ध्वंसुँ	अवस्रंसने गतौ च	ध्वंस्	1	A	S	to fall down; to perish	द्युतादि
ध्वाक्षिँ	घोरवाशिने च	ध्वाङ्क्ष्	1	P	S	to crow; to desire	
ध्वृ	हूर्च्छने	ध्वृ	1	P	A	to bend; to kill	
नक्कँ	नाशने	नक्क्	10	U	S	to perish	
नटँ	अवस्पन्दने	नट्	10	U	S	to shine; to drop or fall	
नटँ	भाषार्थः	नट्	10	U	S	to speak; to shine	
टुनदिँ	समृद्धौ	नन्द्	1	P	S	to be pleased; to thrive	
नर्दँ	शब्दे	नर्द्	1	P	S	to bellow; to roar; to sound	
नाथृँ	याच्ञोपतापैश्वर्याशीःषु	नाथ्	1	A	S	to ask; to harass; to be master; to bless	
नाधृँ	याच्ञोपतापैश्वर्याशीःषु	नाध्	1	A	S	to ask; to harass; to be master; to bless	
नवास	आच्छादने	निवास	10	U	S	to cover; to conceal	
नष्कँ	परिमाणे	निष्क्	10	A	S	to weigh; to measure	
नृतीँ	गात्रविक्षेपे	नृत्	4	P	S	to dance	
नॄ	नये	नॄ	1	P	S	to lead; to carry	घटादि, मित्
नॄ	नये	नॄ	9	P	S	to lead; to carry	प्वादि, ल्वादि
पक्षँ	परिग्रहे	पक्ष्	1	P	S	to take; to accept	
पक्षँ	परिग्रहे	पक्ष्	10	U	S	to take, to accept	
पचँ	व्यक्तीकरणे	पच्	1	A	A	to make clear	
डुपचँष्	पाके	पच्	1	U	A	to cook; to digest	
पचिँ	व्यक्तीकरणे	पञ्च्	1	A	S	to make clear	
पचिँ	विस्तारवचने	पञ्च्	10	U	S	to explain fully; to spread	
पटँ	गतौ	पट्	1	P	S	to go	
पटँ	भाषार्थः	पट्	10	U	S	to speak	
पट	ग्रन्थे	पट	10	U	S	to split; to envelop; to clothe	
पठँ	व्यक्तायां वाचि	पठ्	1	P	S	to read; to study; to describe	
पडिँ	गतौ	पण्ड्	1	A	S	to go	
पडिँ	नाशने	पण्ड्	10	U	S	to destroy	
पणँ	व्यवहारे स्तुतौ च	पण्	1	A	S	to bargain; to praise	
पत	गतौ वा	पत	10	U	S	to go	

पत्ऌँ	गतौ	पत्	1	P	S	to go; to fall; to alight	
पथँ	प्रक्षेपे	पथ्	10	U	S	to throw; to send	
पथिँ	गतौ	पन्थ्	10	U	S	to go	
पथेँ	गतौ	पथ्	1	P	S	to go	
पदँ॒	गतौ	पद्	4	A	A	to go; to attain	
पद	गतौ	पद	10	A	S	to go	
पनँ॒	स्तुतौ	पन्	1	A	S	to praise	
पयँ॒	गतौ	पय्	1	A	S	to go, to move	
पर्ण	हरितभावे	पर्ण	10	U	S	to make green	
पर्दँ॒	कुत्सिते शब्दे	पर्द्	1	A	S	to break wind	
पर्पँ	गतौ	पर्प्	1	P	S	to go	
पर्बँ	गतौ	पर्ब्	1	P	S	to go	
पर्वँ	पूरणे	पर्व्	1	P	S	to fill	
पलँ	गतौ	पल्	1	P	S	to go	
पल्यूल	लवनपवनयोः	पल्यूल	10	U	S	to salt; to purify	
पशँ	बन्धने	पश्	10	U	S	to bind	
पष	गतौ	पष	10	U	S	to go	
पसिँ	नाशने	पंस्	10	U	S	to perish	
पा॒	पाने	पा	1	P	A	to drink; to absorb	
पा॒	रक्षणे	पा	2	P	A	to protect; to rule	
पार	कर्मसमाप्तौ	पार	10	U	S	to finish; to get through or over	
पालँ	रक्षणे	पाल्	10	U	S	to protect	
पि॒	गतौ	पि	6	P	A	to go	
पिछँ	कुट्टने	पिच्छ्	10	U	S	to cut; to divide	
पिजँ	हिंसाबलादाननिकेतनेषु	पिज्	10	U	S	to kill; to be strong; to take; to live	
पिजिँ॒	वर्णे	पिञ्ज्	2	A	S	to color; to touch	
पिजिँ	हिंसाबलादाननिकेतनेषु	पिञ्ज्	10	U	S	to kill; to be strong; to take; to live	
पिजिँ	भाषार्थः	पिञ्ज्	10	U	S	to speak	
पिटँ	शब्दसङ्घातयोः	पिट्	1	P	S	to sound; to collect or heap together	
पिठँ	हिंसासङ्क्लेशनयोः	पिठ्	1	P	S	to kill; to injure	
पिडिँ॒	सङ्घाते	पिण्ड्	1	A	S	to heap; to roll into a lump	
पिडिँ	सङ्घाते	पिण्ड्	10	U	S	to heap; to roll into a lump	
पिविँ	सेचने	पिन्व्	1	P	S	to sprinkle; to serve	
पिशँ	अवयवे	पिश्	6	P	S	to form; to kindle; to light	मुचादि
पि॒षॢँ	सञ्चूर्णने	पिष्	7	P	A	to grind; to hurt	
पिसँ	गतौ	पिस्	10	U	S	to go	
पिसिँ	भाषार्थः	पिंस्	10	U	S	to speak	

पिसृँ	गतौ	पिस्	1	P	S	to go	
पीङ्	पाने	पी	1	A	A	to drink	
पीडँ	अवगाहने	पीड्	10	U	S	to press; to hurt; to oppose	
पीलँ	प्रतिष्टम्भे	पील्	1	P	S	to obstruct; to check	
पीवँ	स्थौल्ये	पीव्	1	P	S	to become fat or strong	
पुंसँ	अभिमर्दने	पुंस्	10	U	S	to grind; to pain; to punish	
पुटँ	संश्लेषणे	पुट्	6	P	S	to embrace	
पुटँ	भाषार्थः	पुट्	10	U	S	to speak; to shine	
पुट	संसर्गे	पुट	10	U	S	to bind together	
पुटिँ	भाषार्थः	पुण्ट्	10	U	S	to speak	
पुट्टँ	अल्पीभावे	पुट्ट्	10	U	S	to become small; to disregard	
पुडँ	उत्सर्गे	पुड्	6	P	S	to leave; to discover	
पुडिँ	खण्डने	पुण्ड्	1	P	S	to grind	
पुणँ	कर्मणिशुभे	पुण्	6	P	S	to be pious	
पुथँ	हिंसायाम्	पुथ्	4	P	S	to kill; to injure	
पुथँ	भाषार्थः	पुथ्	10	U	S	to shine; to speak	
पुथिँ	हिंसाक्लेशनयोः	पुन्थ्	1	P	S	to kill; to torment	
पुरँ	अग्रगमने	पुर्	6	P	S	to go ahead	
पुर्वँ	पूरणे	पुर्व्	1	P	S	to fill	
पुर्वँ	निकेतने	पुर्व्	10	U	S	to dwell	
पुलँ	महत्त्वे	पुल्	1	P	S	to grow; to become tall	
पुलँ	महत्त्वे	पुल्	10	U	S	to grow; to become tall	
पुषँ	पुष्टौ	पुष्	1	P	S	to nourish	
पुषँ	पुष्टौ	पुष्	4	P	A	to nourish	पुषादि
पुषँ	पुष्टौ	पुष्	9	P	S	to nourish	
पुषँ	धारणे	पुष्	10	U	S	to maintain; to promote	
पुष्पँ	विकसने	पुष्प्	4	P	S	to open; to blow	
पुस्तँ	आदरानादरयोः	पुस्त्	10	U	S	to regard	
पूङ्	पवने	पू	1	A	S	to purify; to winnow; to invent	
पूजँ	पूजने	पूज्	10	U	S	to adore; to receive with honor	
पूञ्	पवने	पू	9	U	S	to purify; to winnow; to invent	प्वादि
पूयीँ	विशरणे दुर्गन्धे च	पूय्	1	A	S	to split; to stink	
पूरीँ	आप्यायने	पूर्	4	A	S	to fill; to satisfy	
पूरीँ	आप्यायने	पूर्	10	U	S	to fill; to blow; to cover	
पूर्णँ	सङ्घाते	पूर्ण्	10	U	S	to heap together	
पूलँ	सङ्घाते	पूल्	1	P	S	to gather; to collect	
पूलँ	सङ्घाते	पूल्	10	U	S	to gather; to collect	

पूषँ	वृद्धौ	पूष्	1	P	S	to grow	
पृ॒	प्रीतौ	पृ	5	P	A	to please, to gratify; to be pleased	
पृ॒ङ्	व्यायाने	पृ	6	A	A	to be busy	
पृचँ	सँय्यमने	पृच्	10	U	S	to hinder; to oppose; to touch	
पृचीँ	सम्पर्चने	पृच्	2	A	S	to come in contact with	
पृचीँ	सम्पर्के	पृच्	7	P	S	to unite; to join	
पृजिँ	पर्णे	पृञ्ज्	2	A	S	to color; to touch	
पृडँ	सुखने	पृड्	6	P	S	to please; to delight	
पृणँ	प्रीणने	पृण्	6	P	S	to please; to satisfy	
पृथँ	प्रक्षेपणे	पृथ्	10	U	S	to throw; to send	
पृषुँ	सेचने	पृष्	1	P	S	to sprinkle	
पॄ	पालनपूरणयोः	पॄ	3	P	S	to fill; to blow; to refresh	
पॄ	पालनपूरणयोः	पॄ	9	P	S	to fill	प्वादि, ल्वादि
पॄ	पूरणे	पॄ	10	U	S	to fill	
पेलृँ	गतौ	पेल्	1	A	S	to go; to shake	
पेवृँ	सेवने	पेव्	1	A	S	to serve	
पेषृँ	प्रयत्ने	पेष्	1	A	S	to strive diligently	
पेसृँ	गतौ	पेस्	1	P	S	to go	
पै	शोषणे	पै	1	P	A	to dry; to wither	
पैणृँ	गतिप्रेरणश्लेषणेषु	पैण्	1	P	S	to go; to tell; to embrace	
ओ॒प्याय॒ीँ	वृद्धौ	प्याय्	1	A	S	to grow; to increase	
प्यै॒ङ्	वृद्धौ	प्यै	1	A	A	to grow; to increase	
प्र॒छँ	ज्ञीप्सायाम्	प्रच्छ्	6	P	A	to ask; to seek for	किरादि
प्रथ॒ँ	प्रख्याने	प्रथ्	1	A	S	to become famous; to increase; to rise	घटादि, षित्, मित्
प्रथँ	प्रख्याने	प्रथ्	10	U	S	to become famous	
प्रस॒ँ	विस्तारे	प्रस्	1	A	S	to spread; to diffuse; to expand	घटादि, षित्, मित्
प्रा॒	पूरणे	प्रा	2	P	A	to fill	
प्री॒ङ्	प्रीतौ	प्री	4	A	A	to feel affection; to be satisfied	
प्री॒ञ्	तर्पणे कान्तौ च	प्री	9	U	A	to please; to be pleased	
प्रीञ्	तर्पणे	प्री	10	U	S	to please	
प्रु॒ङ्	गतौ	प्रु	1	A	A	to go	
प्रुषँ	स्नेहनसेचनपूरणेषु	प्रुष्	9	P	S	to be wet; to sprinkle; to fill	
प्रुषुँ	दाहे	प्रुष्	1	P	S	to burn	
प्रेषृँ	गतौ	प्रेष्	1	A	S	to go	
प्रैणृँ	गतिप्रेरणश्लेषणेषु	प्रैण्	1	P	S	to go; to tell; to embrace	

प्रोथृँ	पर्याप्तौ	प्रोथ्	1	U	S	to be full; to be equal to	
प्लक्षँ	अदने	प्लक्ष्	1	U	S	to eat	
प्लिह॒ँ	गतौ	प्लिह्	1	A	S	to go	
प्ली॒	गतौ	प्ली	9	P	A	to go	प्वादि, ल्वादि
प्लु॒ङ्	गतौ	प्लु	1	A	A	to go	
प्लुषँ	दाहे	प्लुष्	4	P	S	to burn	पुषादि
प्लुषँ	स्नेहनसेचनपूरणेषु	प्लुष्	9	P	S	to be wet; to sprinkle; to fill	
प्लुषुँ	दाहे	प्लुष्	1	P	S	to burn	
प्सा॒	भक्षणे	प्सा	2	P	A	to devour; to eat	
फक्कँ	नीचैर्गतौ	फक्क्	1	P	S	to go softly; to behave ill	
फणँ	गतौ	फण्	1	P	S	to go; to produce easily	घटादि, मित् फणादि
फलँ	निष्पत्तौ	फल्	1	P	S	to result; to bear fruit; to be successful	
ञिफलाँ	निशरणे	फल्	1	P	S	to burst, to split; to open	
फुल्लँ	विकसने	फुल्ल्	1	P	S	to open	
फेलृँ	गतौ	फेल्	1	P	S	to go	
बणँ	शब्दार्थः	बण्	1	P	S	to sound	
बदँ	स्तैर्ये	बद्	1	P	S	to be steady	
बध॒ँ	बन्धने	बध्	1	A	S	to bind	
बधँ	सँय्यमे	बध्	10	U	S	to bind; to restrain	
ब॒न्धँ	बन्धने	बन्ध्	9	P	A	to bind; to attract; to form	
बर्बँ	गतौ	बर्ब्	1	P	S	to go	
बर्ह॒	प्राधान्ये	बर्ह्	1	A	S	to be pre-eminent or excellent	
बर्हँ	हिंसायाम्	बर्ह्	10	U	S	to kill	
बर्हँ	भाषार्थः	बर्ह्	10	U	S	to speak	
बलँ	प्राणने धान्यावरोधने च	बल्	1	P	S	to live; to hoard grain	
बलँ	प्राणने	बल्	10	U	S	to breathe	मित्
बल्ह॒ँ	प्राधान्ये	बल्ह्	1	A	S	to be pre-eminent or excellent	
बल्हँ	भाषार्थः	बल्ह्	10	U	S	to speak	
बष्कँ	दर्शने	बष्क्	10	U	S	to see	
बस्त॒ँ	अर्दने	बस्त्	10	A	S	to torment	
बहि॒ँ	वृद्धौ	बंह्	1	A	S	to grow; to increase	
बाडृ॒ँ	आप्लाव्ये	बाड्	1	A	S	to bathe; to dive	
बाधृ॒ँ	लाडने	बाध्	1	A	S	to oppose; to torment	
बाह॒ँ	प्रयत्ने	बाह्	1	A	S	to try; to exert oneself	
बिटँ	आक्रोशे	बिट्	1	P	S	to swear; to curse; to shout	

बिदिँ	अवयवे	बिन्द्	1	P	S	to split; to divide	
बिलँ	भेदने	बिल्	6	P	S	to break	
बिलँ	भेदने	बिल्	10	U	S	to break	
बिसँ	प्रेरणे	बिस्	4	P	A	to instigate; to throw	पुषादि
बुक्कँ	भषणे	बुक्क्	1	P	S	to bark	
बुक्कँ	भाषणे	बुक्क्	10	U	S	to speak	
बुगिँ	वर्जने	बुङ्ग्	1	P	S	to forsake; to abandon	
बुधँ	अवगमने	बुध्	1	P	S	to know; to understand	
बुधँ	अवगमने	बुध्	4	A	A	to know; to understand	
बुधिँर्	बोधने	बुध्	1	U	S	to know; to esteem; to mark	
उँबुन्दिँर्	निशामने	बुन्द्	1	U	S	to perceive; to understand	
बुलँ	निमज्जने	बुल्	10	U	S	to sink; to plunge	
बुसँ	उत्सर्गे	बुस्	4	P	S	to discharge; to emit	पुषादि
बुस्तँ	आदरानादरयोः	बुस्त्	10	U	S	to honor	
बृहँ	वृद्धौ	बृह्	1	P	S	to grow	
बृहिँ	वृद्धौ शब्दे च	बृंह्	1	P	S	to grow; to roar	
बृहिँ	भाषार्थः	बृंह्	10	U	S	to speak	
बृहिँर्	उद्यमने	बृह्	6	P	V	to work	
ब्रुडँ	सँव्वरणे	ब्रुड्	6	P	S	to cover; to heap	कुटादि
ब्रूञ्	व्यक्तयां वाचि	ब्रू	2	U	S	to speak	
ब्रूसँ	हिंसायाम्	ब्रूस्	10	U	S	to kill; to hurt	
ब्लेष्कँ	दर्शने	ब्लेष्क्	10	U	S	to see	
भक्षँ	अदने	भक्ष्	1	U	S	to eat	
भक्षँ	अदने	भक्ष्	10	U	S	to eat; to bite; to use	
भजँ	सेवायाम्	भज्	1	U	A	to serve; to take possession of	
भजँ	विश्राणने	भज्	10	U	S	to give; to cook	
भजिँ	भाषार्थः	भञ्ज्	10	U	S	to speak; to illumine	
भञ्जोँ	आमर्दने	भञ्ज्	7	P	A	to split; to disappoint	
भटँ	भृतौ	भट्	1	P	S	to receive wages; to nourish	
भटँ	परिभाषणे	भण्ड्	1	A	S	to speak; to deride; to jest	घटादि, मित्
भडिँ	परिभाषणे	भण्ड्	1	A	S	to speak; to deride; to jest	
भडिँ	कल्याणे	भण्ड्	10	U	S	to be or render fortunate	
भणँ	शब्दे	भण्	1	P	S	to speak; to call	
भदिँ	कल्याणे सुखे च	भन्द्	1	A	S	to be or make fortunate or glad	
भर्त्सँ	तर्जने	भर्त्स्	10	U	S	to abuse; to deride; to threaten	
भर्वँ	हिंसायाम्	भर्व्	1	P	S	to hurt; to chew	
भलँ	परिभाषणहिंसादानेषु	भल्	1	A	S	to speak; to kill; to give	

भलँ	आमण्डने	भल्	10	A	S	to behold; to describe	
भल्लँ	परिभाषणहिंसादानेषु	भल्ल्	1	A	S	to describe; to wound; to give	
भषँ	भर्त्सने	भष्	1	P	S	to censure; to bark	
भसँ	भर्त्सनदीप्त्योः	भस्	3	P	S	to censure; to shine; to blame	
भा	दीप्तौ	भा	2	P	A	to shine; to appear	
भाज	पृथक्कर्मणि	भाज	10	U	S	to divide	
भामँ	क्रोधे	भाम्	1	A	S	to be angry	
भामँ	क्रोधे	भाम	10	U	S	to be angry	
भाषँ	व्यक्तायां वाचि	भाष्	1	A	S	to speak; to call	
भासृँ	दीप्तौ	भास्	1	A	S	to shine	
भिक्षँ	भिक्षायाम्	भिक्ष्	1	A	S	to beg	
भिदिँ	अवयवे	भिन्द्	1	P	S	to divide; to cut into parts	
भिदिँर्	विदारणे	भिद्	7	U	A	to separate; to break down	
ञिभी	भये	भी	3	P	A	to fear; to become anxious about	
भुजँ	पालनाभ्यवहारयोः	भुज्	7	P	A	to protect; to eat; to enjoy	
भुजोँ	कौटिल्ये	भुज्	6	P	A	to bend; to curve	
भुवोँ	अवकल्कने	भुव्	10	U	S	to mix; to be purified	
भू	सत्तायाम्	भू	1	P	S	to be; to live; to be born	
भू	प्राप्तौ	भू	10	A	S	to attain; to obtain	
भूषँ	अलङ्कारे	भूष्	1	P	S	to adorn	
भूषँ	अलङ्कारे	भूष्	10	U	S	to adorn	
भृजीँ	भर्जने	भृज्	1	A	S	to roast; to fry	
भृञ्	भरणे	भृ	1	U	A	to fill; to nourish	
डुभृञ्	धारणपोषणयोः	भृ	3	U	A	to hold; to nourish	भृञादि
भृडँ	निमज्जने	भृड्	6	P	S	to plunge; to dive	
भृशिँ	भाषार्थः	भृंश्	10	U	S	to speak; to shine	
भृशुँ	अधःपतने	भृश्	4	P	S	to fall down	पुषादि
भृषुँ	हिंसासङ्घातयोः	भृष्	1	P	S	to injure; to heap	
भॄ	भर्त्सने	भॄ	9	P	S	to reproach; to fry; to support	प्वादि, ल्वादि
भेषृँ॑	भये	भेष्	1	U	S	to be afraid	
भ्यसँ	भये	भ्यस्	1	A	S	to be afraid	
भ्रंशुँ	अवस्रंसने	भ्रंश्	1	A	S	to fall; to decline; to escape	
भ्रंशुँ	अधःपतने	भ्रंश्	4	P	S	to fall; to decline	पुषादि
भ्रंसुँ	अवस्रंसने	भ्रंस्	1	A	S	to fall down	द्युतादि
भ्रक्षँ॑	अदने	भ्रक्ष्	1	U	S	to eat	

भ्रणँ	शब्दार्थः	भ्रण्	1	P	S	to sound	
भ्रमुँ	चलने	भ्रम्	1	P	S	to move or go about	
भ्रमुँ	अनवस्थाने	भ्रम्	4	P	S	to wander	शमादि, पुषादि
भ्रस्जँ॑	पाके	भ्रस्ज्	6	U	A	to fry; to parch	
भ्राजृँ	दीप्तौ	भ्राज्	1	A	S	to shine; to beam	
टुभ्राजृँ	दीप्तौ	भ्राज्	1	A	S	to shine; to beam	फणादि
टुभ्राशृँ	दीप्तौ	भ्राश्	1	A	S	to shine	फणादि
भ्री	भये	भ्री	9	P	A	to be afraid	
भ्रुडँ	सँव्वरणे	भ्रुड्	6	P	S	to cover	कुटादि
भ्रूणँ	आशायाम्	भ्रूण्	10	A	S	to wish	
भ्रेजृँ	दीप्तौ	भ्रेज्	1	A	S	to shine	
भ्रेषृँ॑	गतौ	भ्रेष्	1	U	S	to go	
भ्लक्षँ॑	अदने	भ्लक्ष्	1	U	S	to eat	
टुभ्लाशृँ	दीप्तौ	भ्लाश्	1	A	S	to shine	फणादि
भ्लेषृँ॑	गतौ	भ्लेष्	1	U	S	to go	
मकिँ	मण्डने	मङ्क्	1	A	S	to adorn	
मक्षँ	संघाते	मक्ष्	1	P	S	to go; to creep	
मखँ	गत्यर्थः	मख्	1	P	S	to go; to creep	
मखिँ	गत्यर्थः	मङ्ख्	1	P	S	to go	
मगिँ	गत्यर्थः	मङ्ग्	1	P	S	to go	
मघिँ	गत्याक्षेपे कैतवे च	मङ्घ्	1	A	S	to move quickly; to cheat	
मचँ	कल्कने	मच्	1	A	S	to pound; to boast; to cheat	
मचिँ	धारणोच्छ्रायपूजनेषु	मञ्च्	1	A	S	to hold; to grow high; to adore	
मठँ	मर्दनिवासयोः	मठ्	1	P	S	to grind; to dwell; to go	
मठिँ	शोके	मण्ठ्	1	A	S	to remember with regret; to long for	
मडिँ	विभाजने	मण्ड्	1	A	S	to distribute	
मडिँ	भूषायाम्	मण्ड्	1	P	S	to decorate oneself	
मडिँ	भूषायां हर्षे च	मण्ड्	10	U	S	to decorate oneself; to rejoice	
मणँ	शब्दार्थः	मण्	1	P	S	to sound; to murmur	
मत्रिँ	गुप्तपरिभाषणे	मन्त्र्	10	A	S	to mutter; to speak; to consult	
मथिँ	हिंसासङ्क्लेशनयोः	मन्थ्	1	P	S	to kill; to torment	
मथेँ	विलोडने	मथ्	1	P	S	to stir; to churn	
मदँ	तृप्तियोगे	मद्	10	A	S	to please	
मदिँ	स्तुतिमोदमदस्वप्नकान्तिगतिषु	मन्द्	1	A	S	to praise; to be glad; to languish; to shine; to go	
मदीँ	हर्षग्लेपनयोः	मद्	1	P	S	to be glad; to be drunk	घटादि, मित्

मदीँ	हर्षग्लेपनयोः	मद्	4	P	S	to be glad; to be drunk	शमादि, पुषादि
मनँ	ज्ञाने	मन्	4	A	A	to know; to think	
मनँ	स्तम्भे	मन्	10	A	S	to be proud	
मनुँ	अवबोधने	मन्	8	A	S	to consider; to esteem	
मन्थँ	विलोडने	मन्थ्	1	P	S	to churn; to agitate	
मन्थँ	विलोडने	मन्थ्	9	P	S	to churn; to agitate	
मभ्रँ	गत्यर्थः	मभ्र्	1	P	S	to go	
मयँ	गतौ	मय्	1	A	S	to go	
मर्चँ	शब्दार्थे	मर्च्	10	U	S	to sound	
मर्बँ	गतौ	मर्ब्	1	P	S	to go	
मर्वँ	पूरणे	मर्व्	1	P	S	to fill	
मलँ	धारणे	मल्	1	A	S	to hold; to possess	
मल्लँ	धारणे	मल्ल्	1	A	S	to hold; to possess	
मवँ	बन्धने	मव्	1	P	S	to bind; to fasten	
मव्यँ	वन्धने	मव्य्	1	P	S	to bind	
मशँ	शब्दे रोषकृते च	मश्	1	P	S	to buzz; to be angry	
मषँ	हिंसार्थः	मष्	1	P	S	to hurt; to destroy	
मसीँ	परिणामे	मस्	4	P	S	to change form; to weigh	पुषादि
मस्कुँ	गत्यर्थे	मस्क्	1	A	S	to go	
टुमस्जोँ	शुद्धौ	मस्ज्	6	P	A	to bathe; to purify; to sink	
महँ	पूजायाम्	मह्	1	P	S	to honor; to delight	
मह	पूजायाम्	मह	10	U	S	to honor; to delight	
महिँ	वृद्धौ	मंह्	1	A	S	to grow	
महिँ	भाषार्थः	मंह्	10	U	S	to speak; to shine	
मा	माने	मा	2	P	A	to measure; to limit; to compare with	
माक्षिँ	काङ्क्षायाम्	माङ्क्ष्	1	P	S	to wish; to desire	
माङ्	माने शब्दे च	मा	3	A	A	to measure; to sound	भृञादि
माङ्	माने	मा	4	A	A	to measure	
मानँ	पूजायाम्	मान्	1	A	S	to worship; to honor	
मानँ	पूजायाम्	मान्	10	U	S	to worship; to honor	
मान्थँ	हिंसासङ्क्लेशनयोः	मान्थ्	1	P	S	to kill; to torment	
मार्गँ	संस्कारगत्योः	मार्ग्	10	U	S	to decorate; to go	
मार्गँ	अन्वेषणे	मार्ग्	10	U	S	to seek for	
मार्जँ	शब्दार्थः	मार्ज्	10	U	S	to sound	
माहृँ	माने	माह्	1	U	S	to measure	
मिछँ	उत्क्लेशे	मिच्छ्	6	P	S	to annoy; to obstruct	

मिजिँ	भाषार्थः	मिञ्ज्	10	U	S	to speak	
डुमि॒ञ्	प्रक्षेपणे	मि	5	U	A	to throw; to scatter; to measure	
मिथृँ॑	मेधाहिंसनयोः	मिथ्	1	U	S	to understand; to hurt; to unite	
ञिमि॒दाँ॒	स्नेहने	मिद्	1	A	S	to love; to melt; to be unctuous	द्युतादि
ञिमिदाँ	स्नेहने	मिद्	4	P	S	to love; to melt; to be unctuous	पुषादि
मिदिँ	स्नेहने	मिन्द्	10	U	S	to love; to melt; to be unctuous	
मिदृँ॑	मेधाहिंसनयोः	मिद्	1	U	S	to understand; to hurt; to unite	
मिधृँ॑	सङ्गमे	मिध्	1	U	S	to join; to be united	
मिलँ	श्लेषणे	मिल्	6	P	S	to join; to meet; to embrace	
मिलँ॑	सङ्गमे	मिल्	6	U	S	to join; to be united	
मिविँ	सेवने	मिव्	1	P	S	to serve; to sprinkle	
मिशँ	शब्दे रोषकृते च	मिश्	1	P	S	to make sound; to be angry	
मिश्र	सम्पर्के	मिश्र	10	U	S	to mingle; to mix	
मिषँ	स्पर्धायाम्	मिष्	6	P	S	to rival; to open the eyes; to look at	
मिषुँ	सेचने	मिष्	1	P	S	to wet; to sprinkle	
मि॒हँ॒	सेचने	मिह्	1	P	A	to wet; to sprinkle	
मी	गतौ	मी	10	U	S	to go; to understand	
मी॒ङ्	हिंसायाम्	मी	4	A	A	to die; to perish	
मी॒ञ्	हिंसायाम्	मी	9	U	A	to kill; to lessen; to change; to be lost	
मीमृँ	गतौ शब्दे च	मीम्	1	P	S	to go; to sound	
मीलँ	निमेषणे	मील्	1	P	S	to close the eyes; to twinkle	
मीवँ	स्थौल्ये	मीव्	1	P	S	to grow fat; to move	
मुचँ	प्रमोचने	मुच्	10	U	S	to liberate; to set free	
मुचि॒ँ	कल्कने	मुञ्च्	1	A	S	to deceive; to cheat	
मु॒चॢँ॑	मोक्षणे	मुच्	6	U	A	to set free; to liberate; to abandon	मुचादि
मुजँ	शब्दार्थः	मुज्	1	P	S	to sound; to cleanse; to purify	
मुजिँ	शब्दार्थः	मुञ्ज्	1	P	S	to sound; to cleanse; to purify	
मुटँ	प्रमर्दने	मुट्	1	P	S	to grind; to crush; to kill	
मुटँ	आक्षेपप्रमर्दनयोः	मुट्	6	P	S	to blame; to crush; to bind	
मुटँ	सञ्चूर्णने	मुट्	10	U	S	to pound; to break	
मुठि॒ँ	पालने	मुण्ठ्	1	A	S	to protect; to run away	
मुडि॒ँ	मार्जने	मुण्ड्	1	A	S	to sink	
मुडिँ	खण्डने	मुण्ड्	1	P	S	to shave; to grind	
मुणँ	प्रतिज्ञाने	मुण्	6	P	S	to promise	
मुदँ॒	हर्षे	मुद्	1	A	S	to rejoice; to be glad	
मुदँ	संसर्गे	मुद्	10	U	S	to mix; to blend; to purify	

मुरँ	सँव्वेष्टने	मुर्	6	P	S	to cover	
मुर्छाँ	मोहसमुच्छ्राययोः	मुर्छ्	1	P	S	to faint; to become senseless; to grow	
मुर्वीँ	बन्धने	मुर्व्	1	P	S	to bind; to tie	
मुषँ	स्तेये	मुष्	9	P	S	to steal; to carry off	
मुसँ	खण्डने	मुस्	4	P	S	to cleave; to divide	पुषादि
मुस्तँ	सङ्घाते	मुस्त्	10	U	S	to heap up; to gather	
मुहँ	वैचित्ये	मुह्	4	P	V	to become confused; to be silly; to faint	पुषादि, रधादि
मूङ्	बन्धने	मू	1	P	S	to fasten; to tie	
मूञ्	बन्धने	मू	9	P	S	to fasten; to tie	प्वादि
मूत्र	प्रस्रवणे	मूत्र	10	U	S	to make water	
मूलँ	प्रतिष्ठायाम्	मूल्	1	P	S	to be firm; to stand fast	
मूलँ	रोहणे	मूल्	10	U	S	to grow; to sprout; to plant	
मूषँ	स्तेये	मूष्	1	P	S	to rob; to plunder	
मृक्षँ	सङ्घाते	मृक्ष्	1	P	S	to strike; to collect	
मृग	अन्वेषणे	मृग	10	A	S	to seek; to hunt; to examine; to beg	
मृङ्	प्राणत्यागे	मृ	6	A	A	to die; to perish	
मृजूँ	शौचालङ्कारयोः	मृज्	10	U	S	to wipe off; to adorn; to rule	
मृजूँष्	शुद्धौ	मृज्	2	P	V	to wipe off; to adorn; to rule	
मृडँ	सुखने	मृड्	6	P	S	to be delighted; to be gracious; to pardon	
मृडँ	क्षोदे	मृड्	9	P	S	to crush; to press; to be pleased	
मृणँ	हिंसायाम्	मृण्	6	P	S	to kill; to destroy	
मृदँ	क्षोदे	मृद्	9	P	S	to crush; to press	
मृधुँ	उन्दने	मृध्	1	U	S	to be moist; to hurt	
मृशँ	आमर्शने	मृश्	6	P	A	to touch; to shake; to consider	
मृषँ।	तितिक्षायाम्	मृष्	4	U	S	to suffer; to allow; to pardon	
मृषँ।	तितिक्षायाम्	मृष्	10	U	S	to suffer; to allow; to pardon	
मृषुँ	सेचने सहने च	मृष्	1	P	S	to sprinkle; to bear	
मॄ	हिंसायाम्	मॄ	9	P	S	to hurt; to kill	प्वादि, ल्वादि
मेङ्	प्रणिदाने	मे	1	A	A	to exchange; to barter	
मेथृँ।	मेधाहिंसनयोः	मेथ्	1	U	S	to know; to hurt	
मेदृँ।	मेधाहिंसनयोः	मेद्	1	U	S	to know; to hurt	
मेधृँ।	सङ्गमे च	मेध्	1	U	S	to meet	
मेपृँ	गतौ	मेप्	1	A	S	to go; to move	
मेवृँ	सेवने	मेव्	1	A	S	to attend upon; to worship	
मोक्षँ	असने	मोक्ष्	10	U	S	to release; to lose; to shed	

म्ना॒	अभ्यासे	म्ना	1	P	A	to repeat in the mind; to learn; to remember	
म्रक्षँ	म्लेच्छने	म्रक्ष्	10	U	S	to speak indistinctly; to heap; to mix	
म्रछँ	म्लेच्छने	म्रद्	10	U	S	to speak indistinctly; to heap; to mix	
म्रदँ॒	मर्दने	म्रद्	1	A	S	to pound	घटादि, षित्, मित्
म्रुचुँ	गत्यर्थः	म्रुच्	1	P	S	to go	
म्रुञ्चुँ	गत्यर्थः	म्रुञ्च्	1	P	S	to go	
म्रेटृँ	उन्मादे	म्रेट्	1	P	S	to be mad	
म्रेडृँ	उन्मादे	म्रेड्	1	P	S	to be mad	
म्लुचुँ	गत्यर्थः	म्लुच्	1	P	S	to go	
म्लञ्चुँ	गत्यर्थः	म्लुञ्च्	1	P	S	to go	
म्लेछँ	अव्यक्ते शब्दे	म्लेच्छ्	1	P	S	to speak indistinctly or barbarously	
म्लेछँ	अव्यक्तायां वाचि	म्लेच्छ्	10	U	S	to speak indistinctly or barbarously	
म्लेटृँ	उन्मादे	म्लेट्	1	P	S	to be mad	
म्लेट्टृँ	उन्मादे	म्लेट्	1	P	S	to be mad	
म्लेडृँ	उन्मादे	म्लेट्	1	P	S	to be mad	
म्लेवृँ	सेवने	म्लेव्	1	A	S	to serve; to worship	
म्लै॒	हर्षक्षये	म्लै	1	P	A	to be sad; to fade; to grow weary	
यक्षँ॒	पूजायाम्	यक्ष्	10	A	S	to honour; to adore	
य॒जँ॑	देवपूजासङ्गतिकरणदानेषु	यज्	1	U	A	to sacrifice; to worship with sacrifices; to give; to worship; to consecrate	यजादि
यतँ	निकारोपस्कारयोः	यत्	10	U	S	to injure; to encourage	
यतीँ॒	प्रयत्ने	यत्	1	A	S	to attempt; to strive after; to labor	
यत्रिँ	सङ्कोचने	यन्त्र्	10	U	S	to restrain	
य॒भँ	मैथुने	यभ्	1	P	A	to cohabit; to have sexual intercourse with	
य॒मँ	उपरमे	यम्	1	P	A	to check; to offer; to lift up; to show	मित्
यमँ	परिवेषणे	यम्	10	U	S	to surround	मित्
यसुँ	प्रयत्ने	यस्	4	P	S	to strive; to endeavor	पुषादि
या॒	प्रापणे	या	2	P	A	to go; to do; to invade; to pass away	
टुयाचृँ॑	याच्ञायाम्	याच्	1	U	S	to beg; to demand in marriage	
यु	मिश्रणे	यु	2	P	S	to join	
यु	जुगुप्सायाम्	यु	10	U	S	to censure	
युगिँ	वर्जने	युङ्ग्	1	P	S	to abandon; to relinquish	
युछँ	प्रमादे	युच्छ्	1	P	S	to err; to be negligent	
यु॒जँ॒	समाधौ	युज्	4	A	A	to concentrate the mind	
युजँ	सँय्यमने	युज्	10	U	S	to unite	
यु॒जिँ॑र्	योगे	युज्	7	U	A	to unite; to appoint; to prepare; to give	

यु॒ञ्	बन्धने	यु	9	U	A	to unite; to bind; to fasten	
युतृँ	भासने	युत्	1	A	S	to shine	
यु॒धँ	सम्प्रहारे	युध्	4	A	A	to fight; to conquer in fight	
युपँ	विमोहने	युप्	4	P	S	to blot out; to trouble	पुषादि
यूषँ	हिंसायाम्	यूष्	1	P	S	to injure; to kill	
येषृँ	प्रयत्ने	येष्	1	A	S	to strive; to attempt	
यौटृँ	बन्धे	यौट्	1	P	S	to join together	
रकँ	आस्वादने	रक्	10	U	S	to taste; to get	
रक्षँ	पालने	रक्ष्	1	P	S	to protect; to avoid	
रखँ	गत्यर्थः	रख्	1	P	S	to go; to move	
रखिँ	गत्यर्थः	रङ्ख्	1	P	S	to go; to move	
रगँ	आस्वादने	रग्	10	U	S	to taste; to get	
रगिँ	गत्यर्थः	रङ्ग्	1	P	S	to go; to move	
रगेँ	शङ्कायाम्	रग्	1	P	S	to doubt	घटादि, मित्
रघँ	आस्वादने	रघ्	10	U	S	to taste; to get	पुषादि
रघि॒ँ	गत्यर्थः	रङ्घ्	1	A	S	to hasten; to run	
रघिँ	भाषार्थः	रङ्घ्	10	U	S	to speak; to shine	
रच	प्रतियत्ने	रच	10	U	S	to produce; to arrange; to write; to adorn	
र॒ञ्जँ	रागे	रञ्ज्	1	U	A	to be pleased; to be in love with; to paint	मित्
र॒ञ्जँ	रागे	रञ्ज्	4	U	A	to be pleased; to be in love with; to paint	
रटँ	परिभाषणे	रट्	1	P	S	to call out; to shout with joy	
रठँ	परिभाषणे	रठ्	1	P	S	to speak	
रणँ	शब्दार्थः	रण्	1	P	S	to sound; to rejoice; to go	
रणँ	गतौ	रण्	1	P	S	to go	घटादि, मित्
रदँ	विलेखने	रद्	1	P	S	to split; to gnaw; to dig	
रधँ	हिंसासंराद्ध्योः	रध्	4	P	S	to hurt; to accomplish; to finish	पुषादि, रधादि
रपँ	व्यक्तायां वाचि	रप्	1	P	S	to speak distinctly; to praise	
रफँ	गतौ	रफ्	1	P	S	to go	
रफिँ	गतौ	रम्फ्	1	P	S	to go	
रबि॒ँ	शब्दे	रम्ब्	1	A	S	to sound	
र॒भँ	राभस्ये	रभ्	1	A	A	to begin; to embrace; to long for	
र॒भि॒ँ	शब्दे	रम्भ्	1	A	S	to sound	
र॒मँ	क्रीडायाम्	रम्	1	A	A	to play; to rejoice at; to take rest	
र॒मुँ	क्रीडायाम्	रम्	1	A	A	to play; to rejoice at; to take rest	मित्
रय॒ँ	गतौ	रय्	1	A	S	to go; to move	

रविँ	गत्यर्थः	रण्व्	1	P	S	to go	
रशँ	समूहकिरणशब्देषु	रश्	1	P	S	to gather; to shine; to sound	
रसँ	शब्दे	रस्	1	P	S	to roar; to sing; to praise	
रस	आस्वादनस्नेहनयोः	रस	10	U	S	to taste; to love	
रहँ	त्यागे	रह्	1	P	S	to desert; to quit	
रहँ	त्यागे	रह्	10	U	S	to abandon; to leave	मित्
रह	त्यागे	रह	10	U	S	to abandon; to leave	
रहिँ	गतौ	रंह्	1	P	S	to go; to move	
रहिँ	भाषार्थः	रंह्	10	U	S	to speak	
रा	दाने	रा	2	P	A	to give; to bestow	
राखृँ	शोषणालमर्थयोः	राख्	1	A	S	to be dry; to be able; to adorn	
राघृँ	सामर्थ्ये	राघ्	1	A	S	to be able	
राजृँ	दीप्तौ	राज्	1	U	S	to shine; to glitter; to appear; to direct	फणादि
राधँ	संसिद्धौ	राध्	4	P	A	to accomplish; to prosper	
राधँ	संसिद्धौ	राध्	5	P	A	to accomplish; to propitiate; to kill	
रासृँ	शब्दे	रास्	1	A	S	to sound; to yell; to cry	
रि	हिंसायाम्	रि	5	P	A	to hurt	
रि	गतौ	रि	6	P	A	to go; to move	
रिखँ	गत्यर्थः	रिख्	1	P	S	to go	
रिखिँ	गत्यर्थः	रिङ्ख्	1	P	S	to crawl; to go slowly; to creep	
रिगिँ	गत्यर्थः	रिङ्ग्	1	P	S	to crawl; to go slowly; to creep	
रिचँ	वियोजनसम्पर्चनयोः	रिच्	10	U	S	to leave; to divide; to come together	
रिचिँर्	विरेचने	रिच्	7	U	A	to empty; to deprive of; to give up	
रिफँ	कत्थनयुद्धनिन्दाहिंसादानेषु	रिफ्	6	P	S	to boast; to fight; to censure; to kill; to give	
रिविँ	गत्यर्थः	रिण्व्	1	P	S	to go	
रिशँ	हिंसायाम्	रिश्	6	P	A	to injure; to tear	
रिषँ	हिंसार्थः	रिष्	1	P	S	to kill; to fail; to perish	
रिषँ	हिंसायाम्	रिष्	4	P	S	to kill; to fail; to perish	
रिहँ	कत्थनयुद्धनिन्दाहिंसादानेषु	रिह्	6	P	S	to boast; to fight; to censure; to kill; to give	
री	गतिरेषणयोः	री	9	P	A	to go; to injure; to howl	प्वादि, ल्वादि
रीङ्	स्रवणे	री	4	A	A	to trickle; to ooze; to flow	
रु	शब्दे	रु	2	P	S	to cry; to yell; to hum	
रुङ्	गतिरेषणयोः	रु	1	A	A	to go; to hurt	
रुचँ	दीप्तौ अभिप्रीतौ च	रुच्	1	A	S	to shine; to be pleased with; to look beautiful	द्युतादि
रुजँ	हिंसायाम्	रुज्	10	U	S	to hurt; to kill	

रु॒जोँ	भङ्गे	रुज्	6	P	A	to break to pieces; to afflict	
रु॒टँ	प्रतीघाते	रुट्	1	A	S	to strike down	द्युतादि
रुटँ	रोषे	रुट्	10	U	S	to suffer pain	
रुटँ	भाषार्थः	रुट्	10	U	S	to speak	
रुटिँ	स्तेये	रुण्ट्	1	P	S	to steal; to go; to tame; to oppose	
रठँ	उपघाते	रुठ्	1	P	S	to strike	
रुठिँ	स्तेये	रुण्ठ्	1	P	S	to steal	
रुदिँर्	अश्रुविमोचने	रुद्	2	P	S	to cry; to weap; to roar	रुदादि
[अनु]रु॒धँ॒	कामे	रुध्	4	A	A	to desire; to obey	
रु॒धिँ॑र्	आवरणे	रुध्	7	U	A	to hide; to oppose; to obstruct; to hold up	
रुपँ	विमोहने	रुप्	4	P	S	to confound; to violate; to suffer	पुषादि
रु॒शँ	हिंसायाम्	रुश्	6	P	A	to hurt; to destroy	
रुशिँ	भाषार्थः	रुंश्	10	U	S	to speak; to shine	
रुषँ	हिंसार्थः	रुष्	1	P	S	to hurt; to be annoyed; to kill	पुषादि
रुषँ	रोषे	रुष्	4	P	S	to be angry	
रुषँ	रोषे	रुष्	10	U	S	to be angry	
रुसिँ	भाषार्थः	रुंस	10	U	S	to speak	
रु॒हँ	बीजजन्मनि प्रादुर्भावे च	रुह्	1	P	A	to germinate; to rise; to grow; to reach	
रूक्ष	पारुष्ये	रूक्ष	10	U	S	to be rough; to be unkind; to make dry	
रूप	रूपक्रियायाम्	रूप	10	U	S	to form; to find out; to consider; to fix	
रूषँ	हिंसार्थः	रूष्	1	P	S	to hurt; to kill	
रेकृ॒ँ	शङ्कायाम्	रेक्	1	A	S	to doubt; to suspect	
रेजृ॒ँ	दीप्तौ	रेज्	1	A	S	to shine; to shake	
रेटृ॒ँ॑	परिभाषणे	रेट्	1	U	S	to speak; to ask	
रेपृ॒ँ	गतौ	रेप्	1	A	S	to go	
रेभृ॒ँ	शब्दे	रेभ्	1	A	S	to sound	
रेवृ॒ँ	प्लवगतौ	रेव्	1	A	S	to leap; to jump	
रेषृ॒ँ	अव्यक्ते शब्दे	रेष्	1	A	S	to roar; to yell; to neigh	
रै॒	शब्दे	रै	1	P	A	to sound; to bark at	
रोडृँ	उन्मादे	रोड्	1	P	S	to be mad	
रौडृँ	अनादरे	रौड्	1	P	S	to despise	
लक्षँ	दर्शनाङ्कनयोः	लक्ष्	10	U	S	to notice; to define; to regard	
लक्षँ॒	आलोचने	लक्ष्	10	A	S	to perceive; to observe	
लखँ	गत्यर्थः	लख्	1	P	S	to go	
लखिँ	गत्यर्थः	लङ्ख्	1	P	S	to go	
लगँ	आस्वादने	लग्	10	U	S	to taste; to obtain	

लगिँ	गत्यर्थः	लङ्ग्	1	P	S	to go; to go lame	
लगँ	सङ्गे	लग्	1	P	S	to attach oneself to	घटादि, मित्
लघिँ	गत्यर्थः भोजननिवृत्तावपि	लङ्घ्	1	A	S	to transgress; to go beyond; to fast	
लघिँ	भाषार्थः	लङ्घ्	10	U	S	to speak; to shine	
लछँ	लक्षणे	लच्छ्	1	P	S	to mark	
लजँ	भर्त्सने	लज्	1	P	S	to blame	
लजँ	अपवारणे	लज्	10	U	S	to cover; to appear	
लज	प्रकाशने	लज	10	U	S	to shine	
लजिँ	भर्त्सने	लञ्ज्	1	P	S	to blame	
लजिँ	हिंसाबलादाननिकेतनेषु	लञ्ज्	10	U	S	to kill; to be powerful; to take; to dwell	
लजिँ	भाषार्थः	लञ्ज्	10	U	S	to speak	
लजिँ	प्रकाशने	लञ्ज्	10	U	S	to shine	
ओँलजीँ	व्रीडायाम्	लज्	6	A	S	to be ashamed	
लटँ	बाल्ये	लट्	1	P	S	to be or act like a child; to prattle	
लडँ	विलासे	लड्	1	P	S	to play; to sport	
लडँ	उपसेवायाम्	लड्	10	U	S	to fondle; to caress	
लडिँ	जिह्वोन्मथने	लड्	1	P	S	to loll the tongue	
लडिँ	भाषार्थः	लण्ड्	10	U	S	to speak	
ओँलडिँ	उत्क्षेपणे	लण्ड्	10	U	S	to toss upward; to throw up	
लपँ	व्यक्तायां वाचि	लप्	1	P	S	to talk; to whisper; to lament	
लबिँ	अवस्रंसने	लम्ब्	1	A	S	to hang down; to sink	
लबिँ	शब्दे	लम्ब्	1	A	S	to sound	
डुलभँष्	प्राप्तौ	लभ्	1	A	A	to get; to take; to have; to be able	
लर्बँ	गतौ	लर्ब्	1	P	S	to go; to move	
ललँ	ईप्सायाम्	लल्	10	A	S	to desire; to fondle	
लषँ	कान्तौ	लष्	1	U	S	to wish; to long for	
लसँ	श्लेषणक्रीडनयोः	लस्	1	P	S	to embrace; to play; to appear; to shine	
लसँ	शिल्पयोगे	लस्	10	U	S	to use any art	
ओँलस्जीँ	व्रीडायाम्	लज्ज्	6	A	A	to be ashamed	
ला	आदाने	ला	2	P	A	to take; to obtain	
लाखृँ	शोषणालमर्थयोः	लाख्	1	P	S	to be dry; to suffice; to adorn	
लाघृँ	सामर्थ्ये	लाघ्	1	A	S	to be able; to be equal to	
लाछिँ	लक्षणे	लाञ्छ्	1	P	S	to mark	
लाजँ	भर्त्सने च	लाज्	1	P	S	to blame; to fry	
लाजिँ	भर्त्सने	लाञ्ज्	1	P	S	to blame	
लाभ	प्रेरणे	लाभ	10	U	S	to throw; to direct	

लिखँ	अक्षरविन्यासे	लिख्	6	P	S	to write; to rub; to touch	
लिगिँ	गत्यर्थः	लिङ्ग्	1	P	S	to go; to move	
लिगिँ	चित्रीकरणे	लिङ्ग्	10	U	S	to paint	
लि॒पँ॑	उपदेहे	लिप्	6	U	A	to anoint; to stain; to cover	मुचादि
लि॒शँ	अल्पीभावे	लिश्	4	A	A	to be small or reduced	
लि॒शँ	गतौ	लिश्	6	P	A	to go	
लि॒हँ॑	आस्वादने	लिह्	2	U	A	to lick; to taste	
ली॒	श्लेषणे	ली	9	P	A	to adhere; to melt	प्वादि, ल्वादि
ली	द्रवीकरणे	ली	10	U	A	to melt; to dissolve	
ली॒ङ्	श्लेषणे	ली	4	A	A	to stick; to lie on	
लुजिँ	हिंसाबलादाननिकेतनेषु	लुञ्ज्	10	U	S	to kill; to be strong; to take; to dwell	
लुजिँ	भाषार्थः	लुञ्ज्	10	U	S	to speak; to shine	
लुञ्चँ	अपनयने	लुञ्च्	1	P	S	to pluck; to pull; to tear off	
लुटँ	विलोडने	लुट्	1	P	S	to roll; to wallow on the ground	द्युतादि
लुटँ॒	प्रतीघाते	लुट्	1	A	S	to oppose	द्युतादि
लुटँ	विलोडने	लुट्	4	P	S	to roll; to wallow on the ground	पुषादि
लुटँ	संश्लेषणे	लुट्	6	P	S	to adhere	
लुटँ	भाषार्थः	लुट्	10	U	S	to speak; to shine	
लुटिँ	स्तेये	लुण्ट्	1	P	S	to rob; to be lazy	
लुठँ	उपघाते	लुठ्	1	P	S	to strike; to knock down	द्युतादि
लुठँ॒	प्रतीघाते	लुठ्	1	A	S	to oppose	
लुठँ	विलोडने	लुठ्	4	P	S	to roll; to wallow on the ground	
लुठँ	संश्लेषणे	लुठ्	6	P	S	to adhere	
लुठिँ	आलस्ये	लुण्ठ्	1	P	S	to be idle	
लुठिँ	गतौ	लुण्ठ्	1	P	S	to go	
लुठिँ	स्तेये	लुण्ठ्	10	U	S	to rob; to plunder	
लुथिँ	हिंसासङ्क्लेशनयोः	लुन्थ्	1	P	S	to kill; to suffer pain	
लुपँ	विमोहने	लुप्	4	P	S	to confound; to be destroyed	पुषादि
लु॒प्लृँ॑	छेदने	लुप्	6	U	A	to break; to take away; to suppress	मुचादि
लुबिँ	अर्दने	लुम्ब्	1	P	S	to torment	
लुबिँ	अर्दने	लुम्ब्	10	U	S	to torment	
लुभँ	गार्ध्ये	लुभ्	4	P	S	to covet; to be perplexed	पुषादि
लुभँ	विमोहने	लुभ्	6	P	S	to confound; to be bewildered	
लूञ्	छेदने	लू	9	U	S	to divide; to cut off	प्वादि, ल्वादि
लूषँ	भूषायाम्	लूष्	1	P	S	to adorn	
लूषँ	हिंसायाम्	लूष्	10	U	S	to injure; to rob	

लेपृँ	गतौ	लेप्	1	A	S	to go; to worship	
लोकृँ	दर्शने	लोक्	1	A	S	to see; to perceive	
लोकृँ	भाषार्थः	लोक्	10	U	S	to speak; to shine	
लोचृँ	दर्शने	लोच्	1	A	S	to see	
लोचृँ	भाषार्थः	लोच्	10	U	S	to speak; to shine	
लोडृँ	उन्मादे	लोड्	1	P	S	to be mad or foolish	
लोष्टृँ	सङ्घाते	लोष्ट्	1	A	S	to heap up	
वकिँ	कौटिल्ये	वङ्क्	1	A	S	to be crooked	
वकिँ	गत्यर्थः	वङ्क्	1	A	S	to go	
वक्षँ	रोषे	वक्ष्	1	P	S	to be angry; to grow	
वखँ	गत्यर्थः	वख्	1	P	S	to go	
वखिँ	गत्यर्थः	वङ्ख्	1	P	S	to go	
वगिँ	गत्यर्थः	वङ्ग्	1	P	S	to go	
वघिँ	गत्याक्षेपे	वङ्घ्	1	A	S	to go; to blame	
वचँ	परिभाषणे	वच्	2	P	A	to speak; to relate	
वचँ	परिभाषणे	वच्	10	U	S	to speak; to read	
वजँ	गतौ	वज्	1	P	S	to go; to roam about	
वजँ	मार्गसंस्कारगत्योः	वज्	10	U	S	to sweep the way; to go	
वञ्चुँ	गत्यर्थः	वञ्च्	1	P	S	to go; to arrive at	
वञ्चुँ	प्रलम्भने	वञ्च्	10	A	S	to cheat	
वटँ	वेष्टने	वट्	1	P	S	to cover; to surround	
वटँ	परिभाषणे	वट्	1	P	S	to speak	घटादि, मित्
वट	ग्रन्थे	वट	10	U	S	to string	
वट	विभाजने	वट	10	U	S	to divide	
वटिँ	विभाजने	वण्ट्	10	U	S	to divide	
वठँ	स्थौल्ये	वठ्	1	P	S	to be fat or strong	
वठिँ	एकचर्यायाम्	वण्ठ्	1	A	S	to go alone	
वडिँ	विभाजने	वण्ड्	1	A	S	to divide	
वडिँ	विभाजने	वण्ड्	10	A	S	to divide	
वणँ	शब्दार्थः	वण्	1	P	S	to sound	
वदँ	व्यक्तायां वाचि	वद्	1	P	S	to say; to tell; to lay down	यजादि
वदँ।	सन्देशवदने	वद्	10	U	S	to inform	
वदिँ	अभिवादनस्तुत्योः	वन्द्	1	A	S	to salute; to praise; to adore	
वनँ	शब्दे	वन्	1	P	S	to sound	
वनँ	सम्भक्तौ	वन्	1	P	S	to honor; to aid	
वनुँ	श्रद्धोपहिंसनयोः	वन्	10	U	S	to confide in; to injure	

वनँु	च नोच्यते	वन्	1	P	S	to hurt	घटादि, मित्
वनुँ	याचने	वन्	8	A	S	to beg; to seek for	
डुवपँ	बीजसन्ताने	वप्	1	U	A	to sow; to scatter	यजादि
वभ्रँ	गत्यर्थः	वभ्र्	1	P	S	to go	
टुवमँ	उद्गिरणे	वम्	1	P	S	to vomit; to pour out	मित्
वयँ	गतौ	वय्	1	A	S	to go	
वर	ईप्सायाम्	वर	10	U	S	to ask for; to get	
वर्चँ	दीप्तौ	वर्च्	1	A	S	to shine	
वर्णँ	प्रेरणे	वर्ण्	10	U	S	to send	
वर्णँ	वर्णक्रियाविस्तारगुणवचनेषु	वर्ण	10	U	S	to color; to explain; to extol	
वर्धँ	छेदनपूरणयोः	वर्ध्	10	U	S	to cut; to fill	
वर्षँ	स्नेहने	वर्ष्	1	A	S	to love	
वर्हँ	परिभाषणहिंसाच्छादनेषु	वर्ह्	1	A	S	to speak; to hurt; to cover	
वर्हँ	भाषार्थः	वर्ह्	10	U	S	to speak; to shine	
वलँ	सँव्वरणसञ्चलनयोः	वल्	1	A	S	to cover; to shake; to move about	
वल्कँ	परिभाषणे	वल्क्	10	U	S	to speak	
वल्गँु	गत्यर्थः	वल्ग्	1	P	S	to go; to dance	
वल्भँ	भोजने	वल्भ्	1	A	S	to eat	
वल्लँ	सँव्वरणे सञ्चलने च	वल्ल्	1	A	S	to cover; to move about	
वल्हँ	परिभाषणहिंसाच्छादनेषु	वल्ह्	1	A	S	to speak; to injure; to cover; to wear	
वशँ	कान्तौ	वश्	2	P	S	to wish; to shine	
वषँ	हिंसार्थः	वष्	1	P	S	to injure	
वष्कँ	गत्यर्थः	वष्क्	1	A	S	to go; to move	
वसँ	निवासे	वस्	1	P	A	to dwell; to be; to spend (time)	यजादि
वसँ	आच्छादने	वस्	2	A	S	to wear; to put on	
वसँ	स्नेहच्छेदापहरणेषु	वस्	10	U	S	to love; to cut; to take away	
वस	निवासे	वस	10	U	S	to dwell	
वसुँ	स्तम्भे	वस्	4	P	S	to be firm; to be straight; to fix	पुषादि
वस्कँ	गत्यर्थः	वस्क्	1	A	S	to go	
वहँ	प्रापणे	वह्	1	U	A	to bear along; to carry; to flow	यजादि
वा	गतिगन्धनयोः	वा	2	P	A	to go; to blow; to strike	
वाक्षिँ	काङ्क्षायाम्	वाङ्क्ष्	1	P	S	to wish; to desire	
वाछिँ	इच्छायाम्	वाञ्छ्	1	P	S	to wish; to desire; to seek for	
वाडृँ	आप्लाव्ये	वाड्	1	A	S	to bathe; to dive	
वात	सुखसेवनयोः	वात	10	U	S	to be happy; to serve	
वावृतुँ	वरणे	वावृत्	4	A	S	to choose	

वाशृँ	शब्दे	वाश्	4	A	S	to roar; to hum	
वास	उपसेवायाम्	वास	10	U	S	to scent; to make fragrant	
विचिँर्	पृथग्भावे	विच्	7	U	A	to separate	
विछँ	गतौ	विच्छ्	6	P	S	to go	
विछँ	भाषार्थः	विच्छ्	10	U	S	to speak	
विजिँर्	पृथग्भावे	विज्	3	U	A	to separate	निजादि
ओँविजीँ	भयचलनयोः	विज्	6	A	S	to fear; to tremble	
ओँविजीँ	भयचलनयोः	विज्	7	P	S	to fear; to tremble	
विटँ	शब्दे	विट्	1	P	S	to sound	
विथृँ	याचने	विथ्	1	A	S	to beg	
विदँ	ज्ञाने	विद्	2	P	S	to know; to regard	
विदँ	सत्तायाम्	विद्	4	A	A	to be; to happen	
विदँ	विचारणे	विद्	7	A	A	to discuss; to consider	
विदँ	चेतनाख्याननिवासेषु	विद्	10	A	S	to feel; to tell; to dwell	
विद्ऌँ	लाभे	विद्	6	U	A	to get; to find	मुचादि
विधँ	विधाने	विध्	6	P	S	to pierce	
विलँ	सँव्वरणे	विल्	6	P	S	to cover	
विलँ	क्षेपे	विल्	10	U	S	to throw; to send forth	
विशँ	प्रवेशने	विश्	6	P	A	to enter	
विषँ	विप्रयोगे	विष्	9	P	A	to separate	
विषुँ	सेचने	विष्	1	P	A	to sprinkle; to pour out	
विष्ऌँ	व्याप्तौ	विष्	3	U	A	to pervade; to surround	निजादि
विष्कँ	हिंसायाम्	विष्क्	10	U	S	to kill	
विष्कँ	दर्शने	विष्क्	10	U	S	to see	
वी	गतिव्याप्तिप्रजननकान्त्यसनखादनेषु	वी	2	P	A	to go; to pervade; to be born; to shine, to throw, to eat	
वीर	विक्रान्तौ	वीर	10	A	S	to display valor	
वुगिँ	वर्जने	वुङ्ग्	1	P	S	to avoid; to exclude	
वृकँ	आदाने	वृक्	1	A	S	to take; to accept	
वृक्षँ	वरणे	वृक्ष्	1	A	S	to select	
वृङ्	सम्भक्तौ	वृ	9	A	S	to choose; to select	
वृजीँ	वर्जने	वृज्	2	A	S	to avoid; to shun	
वृजीँ	वर्जने	वृज्	7	P	S	to avoid; to shun	
वृजीँ	वर्जने	वृज्	10	U	S	to avoid; to abandon; to exclude	
वृञ्	वरणे	वृ	5	U	S	to choose	
वृञ्	आवरणे	वृ	10	U	S	to surround; to cover	
वृणँ	प्रीणने	वृण्	6	P	S	to give pleasure	

वृतुँ	वर्तने	वृत्	1	A	S	to exist; to happen; to occupy; to live on	द्युतादि, वृतादि
वृतुँ	वरणे	वृत्	4	A	S	to choose; to divide	
वृतुँ	भाषार्थः	वृत्	10	U	S	to speak; to shine	
वृधुँ	वृद्धौ	वृध्	1	A	S	to grow	द्युतादि, वृतादि
वृधुँ	भाषार्थः	वृध्	10	U	S	to speak; to shine	
वृशँ	वरणे	वृश्	4	P	S	to choose	पुषादि
वृषँ	शक्तिबन्धने	वृष्	10	A	S	to be powerful	
वृषुँ	सेचने	वृष्	1	P	S	to rain or pour down	
वृहूँ	उद्यमने	वृह्	6	P	V	to work; to exist	
वॄ	वरणे	वॄ	9	P	S	to choose	प्वादि, ल्वादि
वॄञ्	वरणे	वॄ	9	U	S	to choose	प्वादि, ल्वादि
वेञ्	तन्तुसन्ताने	वे	1	U	A	to weave; to cover	यजादि
वेणृँ	गतिज्ञानचिन्तानिशामनवादित्रग्रहणेषु	वेण्	1	U	S	to go; to know; to contemplate; to see; to play on an instrument; to take	
वेथृँ	याचने	वेथ्	1	A	S	to beg; to solicit	
टुवेपृँ	कम्पने	वेप्	1	A	S	to tremble; to quake	
वेल	कालोपदेशे	वेल	10	U	S	to count the time	
वेलृँ	चलने	वेल्	1	P	S	to go; to shake	
वेल्लँ	चलने	वेल्ल्	1	P	S	to go; to shake	
वेवीङ्	वेतीना तुल्ये	वेवी	2	A	S	to go; to obtain; to be pregnant; to pervade	जक्षादि
वेष्टँ	वेष्टने	वेष्ट्	1	A	S	to dress; to surround; to wind around	
वेहृँ	प्रयत्ने	वेह्	1	A	S	to endeavor	
ओँवै	शोषणे	वै	1	P	A	to dry; to be weary	
व्यचँ	व्याजीकरणे	व्यच्	6	P	S	to cheat; to surround; to pervade	
व्यथँ	भयसञ्चलनयोः	व्यथ्	1	A	S	to fear; to tremble; to be afflicted	घटादि, षित्, मित्
व्यधँ	ताडने	व्यध्	4	P	A	to hurt; to pierce	
व्ययँ	गतौ	व्यय्	1	U	S	to go	
व्यय	वित्तमुत्सर्गे	व्यय	10	U	S	to expend; to bestow	
व्युषँ	दाहे	व्युष्	4	P	S	to burn	
व्युषँ	विभागे	व्युष्	4	P	S	to separate	पुषादि
व्येञ्	सँव्वरणे	व्ये	1	U	A	to cover; to sew	यजादि
व्रजँ	गतौ	व्रज्	1	P	S	to proceed; to pass away	
व्रजँ	मार्गसंस्कारगत्योः	व्रज्	10	U	S	to sweep the way; to go	
व्रणँ	शब्दार्थः	व्रण्	1	P	S	to sound	

व्रण	गात्रविचूर्णने	व्रण	10	U	S	to wound	
ओँव्रश्चूँ	छेदने	व्रश्च्	6	P	V	to cut; to tear; to wound	
व्री॒	वरणे	व्री	9	P	A	to choose	
व्री॒ङ्	वृणोत्यर्थे	व्री	4	A	A	to cover; to be chosen	
व्री॒डँ	चोदने लज्जायां च	व्रीड्	4	P	S	to throw; to be ashamed	
व्रुडँ	सँव्वरणे	व्रुड्	6	P	S	to cover; to heap	कुटादि
व्ली॒	वरणे	व्ली	9	P	A	to select; to go	प्वादि, ल्वादि
शंसुँ	स्तुतौ	शंस्	1	P	A	to relate; to suggest	
श॒कँ	विभाषितो मर्षणे	शक्	4	U	A	to be able; to endure	पुषादि
शकिँ	शङ्कायाम्	शङ्क्	1	A	S	to doubt; to be afraid	
श॒क्लृँ	शक्तौ	शक्	5	P	A	to be able; to endure; to be powerful	
शचँ	व्यक्तायां वाचि	शच्	1	A	S	to speak; to tell	
शटँ	रुजाविशरणगत्यवसादनेषु	शट्	1	P	S	to be sick; to divide; to go; to be dissolved	
शठँ	शाठ्ये कैतवे च	शठ्	1	P	S	to cheat; to deceive; to suffer pain	
शठँ	असंस्कारगत्योः	शठ्	10	U	S	to leave unfinished; to go	
शठ॒ँ	श्लाघायाम्	शठ्	10	A	S	to flatter	
शठ	सम्यगवभाषणे	शठ	10	U	S	to speak well	
शडिँ	रुजायां सङ्घाते च	शण्ड्	1	A	S	to wound; to collect	
शणँ	दाने	शण्	1	P	S	to give	घटादि, मित्
शणँ	गतौ	शण्	1	P	S	to go	घटादि, मित्
श॒द्लृँ	शातने	शद्	1	P	A	to perish; to decay	
श॒द्लृँ	शातने	शद्	6	P	A	to perish; to decay	
श॒पँ	आक्रोशे	शप्	1	U	A	to curse; to blame; to wear	
श॒पँ	आक्रोशे	शप्	4	U	A	to curse; to blame; to wear	
शब्द	शब्दक्रियायाम्	शब्द	10	U	S	to sound; to make a noise; to speak; to call out; to name	
शम॒ँ	आलोचने	शम्	10	A	S	to look at; to show	मित्
शमुँ	उपशमने	शम्	4	P	S	to grow calm; to stop	शमादि, पुषादि
शम्बँ	सम्बन्धने	शम्ब्	10	U	S	to accumulate; to collect together	
शर्बँ	गतौ	शर्ब्	1	P	S	to go; to injure	
शर्वँ	हिंसायाम्	शर्व्	1	P	S	to kill	
शल॒ँ	चलनसँव्वरणयोः	शल	1	A	S	to shake; to cover	
शलँ	गतौ	शल्	1	P	S	to go; to run	
शल्भ॒ँ	कत्थने	शल्भ्	1	A	S	to praise; to boast	
शवँ	गतौ	शव्	1	P	V	to go; to approach	
शशँ	प्लुतगतौ	शश्	1	P	S	to leap; to jump	

शषँ	हिंसार्थः	शष्	1	P	S	to hurt; to kill	
आङः शसिँ	इच्छायाम्	शंस्	1	A	S	to hope; to bless	
शसुँ	हिंसायाम्	शस्	1	P	S	to hurt	
शाखृँ	व्याप्तौ	शाख्	1	P	S	to pervade	
शाडृँ	श्लाघायाम्	शाड्	1	A	S	to praise	
शानँ	तेजने	शान्	1	U	S	to sharpen; to whet	
आङः शासुँ	इच्छायाम्	शास्	2	A	S	to expect; to bless	
शासुँ	अनुशिष्टौ	शास्	2	P	S	to teach; to govern; to correct; to advise	जक्षादि
शिक्षँ	विद्योपादाने	शिक्ष्	1	A	S	to learn	
शिखिँ	गत्यर्थः	शिङ्ख्	1	P	S	to go	
शिघिँ	आघ्राणे	शिङ्घ्	1	P	S	to smell	
शिजिँ	अव्यक्ते शब्दे	शिञ्ज्	2	A	S	to tinkle; to jingle	
शिञ्	निशाने	शि	5	U	A	to sharpen; to whet; to excite	
शिटँ	अनादरे	शिट्	1	P	S	to disregard	
शिलँ	उञ्छे	शिल्	6	P	S	to glean	
शिषँ	हिंसार्थः	शिष्	1	P	A	to hurt	
शिषँ	असर्वोपयोगे	शिष्	10	U	S	to leave a residue; to spare	
शिष्लृँ	विशेषणे	शिष्	7	P	A	to distinguish from others; to leave	
शीकँ	आमर्षणे	शीक्	10	U	S	to be angry	
शीकृँ	सेचने	शीक्	1	A	S	to sprinkle; to move gently	
शीङ्	स्वप्ने	शी	2	A	S	to sleep; to lie down	
शीभृँ	कत्थने	शीभ्	1	A	S	to speak	
शीलँ	समाधौ	शील्	1	P	S	to contemplate	
शील	उपधारणे	शील	10	U	S	to study; to exercise; to honor	
शुकँ	गतौ	शुक्	1	P	S	to go; to move	
शुचँ	शोके	शुच्	1	P	S	to bewail; to regret; to grieve for	
शुचिँर्	पूतीभावे	शुच्	4	U	S	to be pure or clean; to be wet	
शुच्यँ	अभिषवे	शुच्य्	1	P	S	to bathe; to perform ablutions	
शुठँ	गतिप्रतीघ्याते	शुठ्	1	P	S	to be impeded; to resist; to be lame	
शुठँ	आलस्ये	शुठ्	10	U	S	to be lazy; to be idle	
शुठिँ	गतिप्रतीघाते	शुण्ठ्	1	P	S	to be impeded; to be lame	
शुठिँ	शोषणे	शुण्ठ्	1	P	S	to become dry; to purify	
शुठिँ	शोषणे	शुण्ठ्	10	U	S	to become dry; to purify	
शुधँ	शौचे	शुध्	4	P	A	to become dry; to purify	पुषादि
शुनँ	गतौ	शुन्	6	P	S	to go	
शुन्धँ	शुद्धौ	शुन्ध्	1	P	S	to be purified	

शुन्धँ	शौचकर्मणि	शुन्ध्	10	U	S	to purify	
शुभँ	भासने	शुभ्	1	P	S	to shine	
शुभँ	दीप्तौ	शुभ्	1	A	S	to shine; to be happy	द्युतादि
शुभँ	शोभार्थे	शुभ्	6	P	S	to shine; to be splendid	
शुम्भँ	भाषणे	शुम्भ्	1	P	S	to speak	
शुम्	शोभार्थे	शुम्भ्	6	P	S	to shine; to be splendid	
शुल्कँ	अतिस्पर्शने	शुल्क्	10	U	S	to gain; to pay; to forsake	
शुल्बँ	माने	शुल्ब्	10	U	S	to measure; to produce	
शुषँ	शोषणे	शुष्	4	P	A	to dry up; to be dried	पुषादि
शूर	विक्रान्तौ	शूर	10	A	S	to be powerful	
शूरीँ	हिंसास्तम्भनयोः	शूर्	4	A	S	to strike; to be firm	
शूर्पँ	माने	शूर्प्	10	U	S	to measure	
शूलँ	रुजायां सङ्घाते च	शूल्	1	P	S	to be ill; to collect	
शूषँ	प्रसवे	शूष्	1	P	S	to produce; to bring forth	
शृधुँ	शब्दकुत्सायाम्	शृध्	1	A	S	to break wind downward	द्युतादि, वृतादि
शृधुँ	उन्दने	शृध्	1	U	S	to be wet or moist	
शृधुँ	प्रसहने	शृध्	10	U	S	to strive; to ridicule	
शॄ	हिंसायाम्	शॄ	9	P	S	to tear to pieces; to hurt; to kill	प्वादि, ल्वादि
शेलृँ	गतौ	शेल्	1	P	S	to go; to tremble	
शेवृँ	सेवने	शेव्	1	A	S	to serve	
शै	पाके	शै	1	P	A	to cook	
शो	तनूकरणे	शो	4	P	A	to sharpen; to make thin	
शोणृ	वर्णगत्योः	शोण्	1	P	S	to become red; to go	
शौटृँ	गर्वे	शौट्	1	P	S	to be proud	
श्च्युतिँर्	क्षरणे	श्च्युत्	1	P	S	to ooze; to trickle	
श्मीलँ	निमेषणे	श्मील्	1	P	S	to wink	
श्यैङ्	गतौ	श्यै	1	A	A	to go; to dry up; to coagulate	
श्रकिँ	गत्यर्थः	श्रङ्क्	1	A	S	to go; to creep	
श्रगिँ	गत्यर्थः	श्रङ्ग्	1	P	S	to go; to move	
श्रणँ	दाने च	श्रण्	1	P	S	to give; to bestow	घटादि, मित्
श्रणँ	दाने	श्रण्	10	U	S	to give; to bestow	
श्रथँ	हिंसार्थः	श्रथ्	1	P	S	to injure; to kill	घटादि, मित्
श्रथँ	प्रयत्ने	श्रथ्	10	U	S	to make effort	
श्रथँ	मोक्षणे	श्रथ्	10	U	S	to liberate; to release	
श्रथ	दौर्बल्ये	श्रथ	10	U	S	to be weak	

श्रथिँ	शैथिल्ये	श्रन्थ्	1	P	S	to be loose	
श्रन्थँ	विमोचनप्रतिहर्षयोः	श्रन्थ्	9	P	S	to loosen; to delight	
श्रन्थँ	सन्दर्भे	श्रन्थ्	9	P	S	to arrange; to compose a work	
श्रन्थँ	सन्दर्भे	श्रन्थ्	10	U	S	to arrange; to compose a work	
श्रमुँ	तपसि खेदे च	श्रम्	4	A	S	to mortify; to be fatigued; to take pains	शमादि, पुषादि
श्रम्भुँ	प्रमादे	श्रम्भ्	1	A	S	to err; to be careless	
श्रा	पाके	श्रा	1	P	A	to cook	घटादि, मित्
श्रा	पाके	श्रा	2	P	A	to cook	
श्रिञ्	सेवायाम्	श्रि	1	U	S	to cling to; to depend upon	
श्रिषुँ	दाहे	श्रिष्	1	P	S	to burn	
श्रीञ्	पाके	श्री	9	U	S	to cook; to dress; to boil	
श्रु	श्रवणे	श्रु	1	P	A	to hear; to obey	
श्रै	पाके	श्रै	1	P	A	to cook	
श्रोणृँ	सङ्घाते	श्रोण्	1	P	S	to collect	
श्लकिँ	गत्यर्थः	श्लङ्क्	1	A	S	to go; to move	
श्लगिँ	गत्यर्थः	श्लङ्ग्	1	P	S	to go; to move	
श्लथँ	हिंसार्थः	श्लथ्	1	P	S	to injure; to kill	घटादि, मित्
श्लाखृँ	व्याप्तौ	श्लाख्	1	P	S	to pervade	
श्लाघृँ	कत्थने	श्लाघ्	1	A	S	to praise; to flatter; to boast of	
श्लिषँ	आलिङ्गने	श्लिष्	4	P	A	to embrace; to cling to	पुषादि
श्लिषँ	श्लेषणे	श्लिष्	10	U	S	to embrace	
श्लिषुँ	दाहे	श्लिष्	1	P	S	to burn	
श्लोकृँ	सङ्घाते	श्लोक्	1	P	S	to compose in verse	
श्लोणृँ	सङ्घाते	श्लोण्	1	P	S	to heap together	
श्वकिँ	गत्यर्थः	श्वङ्क्	1	A	S	to go; to move	
श्वचँ	गतौ	श्वच्	1	A	S	to go	
श्वचिँ	गतौ	श्वञ्च्	1	A	S	to go	
श्वठँ	असंस्कारगत्योः	श्वठ्	10	U	S	to leave unfinished; to go	
श्वठ	सम्यगवभाषणे	श्वठ	10	U	S	to speak ill	
श्वठिँ	असंस्कारगत्योः	श्वण्ठ्	10	U	S	to leave unfinished; to go	
श्वभ्रँ	गतौ	श्वभ्र्	10	U	S	to go; to make a hole	
श्वर्तँ	गतौ	श्वर्त्	10	U	S	to go	
श्वलँ	आशुगमने	श्वल्	1	P	S	to run	
श्वल्कँ	परिभाषणे	श्वल्क्	10	U	S	to tell	
श्वल्लँ	आशुगमने	श्वल्ल्	1	P	S	to run	
श्वसँ	प्राणने	श्वस्	2	P	S	to breathe; to sigh; to hiss	रुदादि

टुओँश्वि	गतिवृद्ध्योः	श्वि	1	P	S	to go; to increase; to swell	यजादि
श्विताँ॒	वर्णे	श्वित्	1	A	S	to become white	द्युतादि
श्विदिँ॒	श्वैत्ये	श्विन्द्	1	A	S	to become white	
षगेँ	सँव्वरणे	सग्	1	P	S	to cover	घटादि, मित्
षघँ	हिंसायाम्	सघ्	5	P	S	to kill	
षचँ॒	सेचने	सच्	1	A	S	to sprinkle; to serve	
षचँ॑	समवाये	सच्	1	U	S	to be collected	
षञ्जँ॒	सङ्गे	सञ्ज्	1	P	A	to embrace; to cling to; to fasten	
षटँ	अवयवे	सट्	1	P	S	to be a limb or part of	
षट्टँ	हिंसायाम्	सट्ट्	10	U	S	to kill; to be strong; to dwell; to give	
षणँ	सम्भक्तौ	सन्	1	P	S	to divide	
षणुँ॑	दाने	सन्	8	U	S	to give; to worship	
आङः षदँ	पद्यर्थे	सद्	10	U	S	to reach; to sit down	
षद्लृँ॒	विशरणगत्यवसादनेषु	सद्	1	P	A	to break; to go; to perish; to sit	
षद्लृँ॒	विशरणगत्यवसादनेषु	सद्	6	P	A	to break; to go; to perish; to sit	
षपँ	समवाये	सप्	1	P	S	to connect	
षमँ	अवैक्लव्ये	सम्	1	P	S	to be confused; to not be confused	
षम्बँ	सम्बन्धे	सम्ब्	10	U	S	to be connected	
षर्जँ	अर्जने	सर्ज्	1	P	S	to gain; to earn by labor	
षर्बँ	गतौ	सर्ब्	1	P	S	to go; to move	
षर्वँ	हिंसायाम्	सर्व्	1	P	S	to hurt	
षलँ	गतौ	सल्	1	P	S	to go; to move	
षसँ	स्वप्ने	सस्	2	P	S	to sleep	
षस्जँ	गतौ	सस्ज्	1	P	S	to go	
षहँ॒	मर्षणे	सह्	1	A	S	to suffer; to allow; to forbear	
षहँ	चक्यर्थे	सह्	4	P	S	to be pleased; to satisfy	
षहँ	मर्षणे	सह्	10	U	S	to forbear	
षान्त्वँ	सामप्रयोगे	सान्त्व्	10	U	S	to appease; to comfort; to soothe	
षिचँ॒	क्षरणे	सिच्	6	U	A	to sprinkle; to water; to pour in	मुचादि
षि॒ञ्	बन्धने	सि	5	U	A	to bind; to fasten; to ensnare	
षि॒ञ्	बन्धने	सि	9	U	A	to bind; to fasten	
षिटँ	अनादरे	सिट्	1	P	S	to disregard; to disrespect	
षिधँ	गत्याम्	सिध्	1	P	S	to go; to ward off	
षिधुँ	गत्याम्	सिध्	1	P	S	to go; to ward off	
षि॒धुँ	संराद्धौ	सिध्	4	P	A	to be accomplished; to reach	पुषादि
षिधूँ	शास्त्रे माङ्गल्ये च	सिध्	1	P	S	to ordain; to turn out auspiciously	
षिभुँ	हिंसार्थः	सिभ्	1	P	S	to hurt	

षिम्भुँ	सेचने	सिन्व्	1	P	S	to wet	
षिलँ	उञ्छे	सिल्	4	P	S	to sew; to join; to write	
षिवुँ	तन्तुसन्ताने	सिव्	4	P	S	to sew; to join; to write	
षु	प्रसवैश्वर्ययोः	सु	1	P	A	to permit; to prosper	
षु	प्रसवैश्वर्ययोः	सु	2	P	A	to permit; to possess power	
षुञ्	अभिषवे	सु	5	U	A	to extract juice; to distill; to bathe	
षुट्टँ	अनादरे	सुट्ट	10	U	S	to despise	
षुरँ	ऐश्वर्यदीप्त्योः	सुर्	6	P	S	to rule; to shine	
षुहँ	चक्यर्थः	सुह्	4	P	S	to be pleased	
षू	प्रेरणे	सू	6	P	S	to excite; to impel	
षूङ्	प्राणिगर्भविमोचने	सू	2	A	S	to bring forth; to beget; to produce	
षूङ्	प्राणिप्रसवे	सू	4	A	V	to bring forth; to beget; to produce	
षूदँ	क्षरणे	सूद्	1	A	S	to strike	
षृभुँ	हिंसार्थः	सृभ्	1	P	S	to kill; to injure	
षृम्भुँ	हिंसायाम्	सृम्भ्	1	P	S	to kill; to injure	
षेलृँ	गतौ	सेल्	1	P	S	to go; to move	
षेवृँ	सेवने	सेव्	1	A	S	to serve; to pursue; to enjoy	
षै	क्षये	सै	1	P	A	to waste away; to decline	
षो	अन्तकर्मणि	सो	4	P	A	to destroy; to bring to an end	
ष्टकँ	प्रतिघाते	स्तक्	1	P	S	to resist; to strike against	घटादि, मित्
ष्टगेँ	सँव्वरणे	स्तग्	1	P	S	to cover	घटादि, मित्
ष्टनँ	शब्दे	स्तन्	1	P	S	to sound; to thunder; to sigh	
ष्टभिँ	प्रतिबन्धे	स्तम्भ्	1	A	S	to stop; to make immovable	
ष्टमँ	अवैक्लब्ये	स्तम्	1	P	S	to be confused or agitated	मित्
ष्टिघँ	आस्कन्दने	स्तिघ्	5	A	S	to attack; to ascend	
ष्टिपृँ	क्षरणे	स्तिप्	1	A	S	to drip or drop	
ष्टिमँ	आर्द्रीभावे	स्तिम्	4	P	S	to become wet; to become fixed	
ष्टीमँ	आर्द्रीभावे	स्तीम्	4	P	S	to become wet; to become fixed	
ष्टुचँ	प्रसादे	स्तुच्	1	A	S	to be pleased; to shine	
ष्टुञ्	स्तुतौ	स्तु	2	U	A	to praise; to worship by hymns	
ष्टुपँ	समुच्छ्राये	स्तुप्	10	U	S	to heap up; to erect	
ष्टुभँ	स्तम्भे	स्तुभ्	1	A	S	to stop; to suppress	
ष्टुभुँ	स्तम्भे	स्तुभ्	1	A	S	to stop; to suppress	
ष्टूपँ	समुच्छ्राये	स्तूप्	10	U	S	to heap up; to erect	
ष्टृक्षँ	गतौ	स्त्रक्ष्	1	P	S	to go	
ष्टेपृँ	क्षरणार्थः	स्तेप्	1	A	S	to ooze	

ष्टै	वेष्टने	स्तै	1	P	A	to cover; to put on; to adorn	
ष्ट्यै	शब्दसङ्घातयोः	स्त्यै	1	P	A	to sound; to heap	
ष्ठलँ	स्थाने	स्थल्	1	P	S	to stand firm	
ष्ठा	गतिनिवृत्तौ	स्था	1	P	A	to stand; to wait; to be	
ष्ठिवुँ	निरसने	ष्ठिव्	1	P	S	to spit; to sputter	
ष्ठिवुँ	निरसने	ष्ठिव्	4	P	A	to spit; to sputter	
ष्णसुँ	निरसने	स्नस्	4	P	S	to spit; to inhabit	
ष्णा	शौचे	स्ना	2	P	A	to bathe; to perform an ablution	
ष्णिहँ	प्रीतौ	स्निह्	4	P	V	to have affection for; to be kind to	पुषादि, रधादि
ष्णिहँ	स्नेहने	स्निह्	10	U	S	to love	
ष्णु	प्रस्रवणे	स्नु	2	P	A	to flow; to distill	
ष्णुसुँ	आदाने	स्नुस्	4	P	S	to take; to disappear; to eat	
ष्णुहँ	उद्गिरणे	स्नुह्	4	P	S	to vomit	पुषादि, रधादि
ष्णै	वेष्टने	स्नै	1	P	A	to dress; to envelop	मित्
ष्मिङ्	ईषद्धसने	स्मि	1	A	A	to smile; to bloom	
ष्मिङ्	अनादरे	स्मि	10	U	S	to despise	
ष्वञ्जँ	परिष्वङ्गे	स्वञ्ज्	1	A	A	to embrace	
ष्वदँ	आस्वादने	स्वद्	1	A	S	to be pleasant to taste; to eat; to please	
ष्वदँ	आस्वादने	स्वद्	10	U	S	to taste; to sweeten	
ञिष्वपँ	शये	स्वप्	2	P	A	to sleep	रुदादि
ष्वस्कँ	गत्यर्थः	ष्वस्क्	1	A	S	to go	
ञिष्विदाँ	स्नेहनमोचनयोः	स्विद्	1	A	S	to be greasy; to be anointed	द्युतादि
ञिष्विदाँ	गात्रप्रक्षरणे	स्विद्	4	P	A	to sweat; to perspire	पुषादि
सङ्केत	च आमन्त्रणे	सङ्केत	10	U	S	to speak to; to invite	
सङ्ग्राम	युद्धे	सङ्ग्राम	10	A	S	to fight	
सत्र	सन्तानक्रियायाम्	सत्र	10	A	S	to extend	
सभाज	प्रीतिदर्शनयोः	सभाज	10	U	S	to please; to show	
समीँ	परिणामे	सम्	4	P	S	to change form; to measure	
सश्चँ	गतौ	सश्च्	1	P	S	to go to; to cling to	
सातिँ	सुखे	सान्त्	सौ	P	S	to be happy	
साधँ	संसिद्धौ	साध्	5	P	A	to finish; to accomplish	
साम	सान्त्वप्रयोगे	साम	10	U	S	to conciliate	
साम्बँ	सम्बन्धे	साम्ब्	10	U	S	to collect	
सार	दौर्बल्ये	सार	10	U	S	to be weak	
सुख	तत्क्रियायाम्	सुख	10	U	S	to make happy	

सूच	पैशुन्ये	सूच	10	U	S	to point out; to betray; to trace out	
सूत्र	वेष्टने	सूत्र	10	A	S	to string; to plan	
सूदँ	क्षरणे	सूद्	10	U	S	to pour out; to strike; to incite	
सूर्क्षँ	आदरे	सूर्क्ष्	1	P	S	to respect; to disregard	
सूक्ष्यँ	ईर्ष्यार्थः	सूक्ष्य्	1	P	S	to disrespect; to slight	
सृ	गतौ	सृ	1	P	A	to go; to run	
सृ	गतौ	सृ	3	P	A	to go	
सृजँ	विसर्गे	सृज्	4	A	A	to let loose; to send forth	
सृजँ	विसर्गे	सृज्	6	P	A	to create; to put on; to let loose	
सृप्लँ	गतौ	सृप्	1	P	A	to go; to creep	
सृभुँ	हिंसार्थः	सृभ्	1	P	S	to injure; to kill	
सृम्भुँ	हिंसार्थः	सृम्भ्	1	P	S	to injure; to kill	
सेकृँ	गतौ	सेक्	1	A	S	to go; to move	
स्कन्दिँर्	गतिशोषणयोः	स्कन्द	1	P	A	to go; to be dried; to jump; to perish	
स्कभिँ	प्रतिबन्धे	स्कम्भ्	1	A	S	to stop	
स्कुञ्	आप्रवणे	स्कु	9	U	A	to go by leaps; to approach; to lift	
स्कुदिँ	आप्रवणे	स्कुन्द्	1	A	S	to jump; to lift up	
स्खदँ	स्खदने	स्खद्	1	A	S	to cut; to destroy	घटादि, षित्, मित्
स्खलँ	सञ्चलने	स्खल्	1	P	S	to move; to totter; to err	
स्तनँ	शब्दे	स्तन्	1	P	S	to sound; to thunder; to sigh	
स्तन	देवशब्दे	स्तन	10	U	S	to thunder	
स्तन्भुँ	प्रतिघाते	स्तम्भ्	5/9	P	S	to resist	
स्तिमँ	आर्द्रीभावे	स्तिम्	4	P	S	to become wet; to become fixed	
स्तृक्षँ	गतौ	स्तृक्ष्	1	P	S	to go; to move	
स्तृञ्	आच्छादने	स्तृ	5	U	A	to cover	
स्तृहूँ	हिंसायाम्	स्तृह्	6	P	V	to strike; to kill	
स्तॄञ्	आच्छादने	स्तॄ	9	U	S	to cover	प्वादि, ल्वादि
स्तेन	चौर्ये	स्तेन	10	U	S	to steal	
स्तोम	श्लाघायाम्	स्तोम	10	U	S	to praise	
स्त्यैँ	शब्दसङ्घातयोः	स्त्यै	1	P	A	to sound; to collect	
स्थुडँ	सँव्वरणे	स्थुड्	6	P	S	to cover	कुटादि
स्थूलँ	परिबृंहणे	स्थूल	10	A	S	to become big or stout	
स्पदिँ	किञ्चिच्चलने	स्पन्द्	1	A	S	to throb; to shake; to go	
स्पर्धँ	सङ्घर्षे	स्पर्ध्	1	A	S	to contend with; to challenge	

स्पशँ।	बाधनस्पर्शनयोः	स्पश्	1	U	S	to obstruct; to touch; to spy	
स्पशँ	ग्रहणसंश्लेषणयोः	स्पश्	10	A	S	to take; to embrace	
स्पृ	प्रीतिपालनयोः	स्पृ	5	P	A	to gratify; to protect	
स्पृशँ	संस्पर्शने	स्पृश्	6	P	A	to touch; to come in contact with	
स्पृह	ईप्सायाम्	स्पृह	10	U	S	to desire; to envy	
स्पॄ	हिंसायाम्	स्पॄ	9	P	S	to kill	प्वादि, ल्वादि
स्फरँ	चलने	स्फर्	6	P	S	to tremble; to throb	
स्फायीँ	वृद्धौ	स्फाय्	1	A	S	to increase; to grow fat	
स्फिटँ	अनादरे	स्फिट्	10	U	S	to despise; to cover; to hurt	
स्फिट्टँ	हिंसायाम्	स्फिट्ट्	10	U	S	to kill	
स्फुटँ	विकसने	स्फुट्	1	A	S	to burst open; to blow; to become visible	
स्फुटँ	विकसने	स्फुट्	6	P	S	to burst open; to blow; to become visible	
स्फुटँ	भेदने	स्फुट्	10	U	S	to break open; to burst into view	
स्फुटँ	विशरणे	स्फुट्	1	P	S	to split open; to break	
स्फुटिँ	परिहासे	स्फुण्ट्	10	U	S	to joke; to jest	
स्फुटिँ	विशरणे	स्फुण्ट्	1	P	S	to split open; to break	
स्फुटिँर्	विशरणे	स्फुट्	1	P	S	to split open; to break	
स्फुडँ	सँव्वरणे	स्फुड्	6	P	S	to cover	कुटादि
स्फुडिँ	परिहासे	स्फुण्ड्	10	U	S	to joke; to jest	
स्फुरँ	स्फुरणे	स्फुर्	6	P	S	to throb; to flash; to shine; to tremble	कुटादि
स्फुर्छाँ	विस्तृतौ	स्फुर्च्छ्	1	P	S	to spread	
स्फुलँ	सञ्चलने	स्फुल्	6	P	S	to tremble; to collect	कुटादि
टुओँस्फूर्जाँ	वज्रनिर्घोषे	स्फूर्ज्	1	P	S	to thunder; to glitter	
स्मिटँ	अनादरे	स्मिट्	10	U	S	to despise	
स्मीलँ	निमेषणे	स्मील्	1	P	S	to wink; to blink	
स्मृ	आध्याने	स्मृ	1	P	S	to think upon; to long for	घटादि, मित्
स्मृ	चिन्तायाम्	स्मृ	1	P	A	to remember	
स्मृ	प्रीतिपालनयोः	स्मृ	5	P	A	to please; to protect; to live	
स्यन्दूँ	प्रस्रवणे	स्यन्द्	1	A	V	to ooze; to run; to flow out	द्युतादि, वृतादि
स्यमँ	वितर्के	स्यम्	10	A	S	to reflect	
स्यमुँ	शब्दे	स्यम्	1	P	S	to sound; to consider	मित्, फणादि
स्रकिँ	गत्यर्थः	स्रङ्क्	1	A	S	to go	
स्रम्भुँ	प्रमादे	स्रम्भ्	1	A	S	to confide; to entrust	द्युतादि
स्रम्भुँ	विश्वासे	स्रम्भ्	1	A	S	to confide; to entrust	द्युतादि

स्रंसु॒ँ	अवस्रंसने	स्रंस्	1	A	S	to fall down; to sink; to hang down	द्युतादि
स्रिवु॒ँ	गतिशोषणयोः	स्रिव्	4	P	S	to go; to become dry	
स्रु॒	गतौ	स्रु	1	P	A	to go; to flow; to trickle away	
स्रेकृ॒ँ	गत्यर्थः	स्रेक्	1	A	S	to go	
स्वनँ	शब्दे	स्वन्	1	P	S	to sound; to sing	फणादि
स्वनँ	अवतंसने	स्वन्	1	P	S	to decorate; to adorn	घटादि, मित्
स्वर	आक्षेपे	स्वर	10	U	S	to blame; to find fault with	
स्वर्तँ	गत्यां च	स्वर्त्	10	U	S	to go; to live in difficulty	
स्वर्द॒ँ	आस्वादने	स्वर्द्	1	A	S	to taste	
स्वाद॒ँ	आस्वादने	स्वाद्	1	A	S	to taste; to be pleasant	
स्वादँ	आस्वादने	स्वाद्	10	U	S	to taste; to be pleasant	
स्वृ॒	शब्दोपतापयोः	स्वृ	1	P	V	to sound; to be pained; to praise	
स्वॄ	हिंसायाम्	स्वॄ	9	P	S	to hurt; to kill	
हटँ	दीप्तौ	हट्	1	P	S	to shine	
हठँ	प्लुतिशठत्वयोः	हठ्	1	P	S	to leap; to oppress; to bind to a post	
ह॒द॒ँ	पुरीषोत्सर्गे	हद्	1	A	A	to void excrement; to discharge faces	
ह॒नँ	हिंसागत्योः	हन्	2	P	A	to kill; to beat; to hurt; to conquer	
हम्मँ	गतौ	हम्म्	1	P	S	to go	
हय	गतौ	हय्	1	P	S	to go; to worship; to sound	
हर्यँ	गतिकान्त्योः	हर्य्	1	P	S	to go; to worship; to take	
हलँ	विलेखने	हल्	1	P	S	to plough	
हसेँ	हसने	हस्	1	P	S	to smile; to laugh at; to excel; to bloom	
ओँहा॒क्	त्यागे	हा	3	P	A	to abandon; to resign; to let fall; to omit	
ओ॒ँहा॒ङ्	गतौ	हा	3	A	A	to go; to attain; to get	भृञादि
हि॒	गतौ वृद्धौ च	हि	5	P	A	to go; to promote; to shoot; to send	
हिक्कँ[1]	अव्यक्ते शब्दे	हिक्क्	1	U	S	to make an indistinct sound	
हिटँ	आक्रोशे	हिट्	1	P	S	to curse; to swear	
हिठँ	आक्रोशे	हिठ्	1	P	S	to curse; to swear	
हिडि॒ँ	गत्यनादरयोः	हिण्ड्	1	A	S	to go; to disregard; to wander	
हिलँ	भावकरणे	हिल्	6	P	S	to sport amorously	
हिविँ	प्रीणनार्थः	हिन्व्	1	P	S	to please	
हिष्क॒ँ	हिंसायाम्	हिष्क्	10	A	S	to kill; to injure; to torment; to hit	
हिसिँ	हिंसायाम्	हिंस्	7	P	S	to kill; to injure; to torment; to hit	
हिसिँ	हिंसायाम्	हिंस्	10	U	S	to kill; to injure; to torment; to hit	
हु॒	दानादनयोः	हु	3	P	A	to offer; to eat; to perform a sacrifice	
हुडिँ	वरणे	हुण्ड्	1	A	S	to choose; to take away; to collect	

हुडिँ	सङ्घाते	हुण्ड्	1 A S	to collect	
हुडँ	गतौ	हुड्	1 P S	to go	
हुर्छाँ	कौटिल्ये	हुर्च्छ्	1 P S	to be crooked; to deceive	
हुलँ	गतौ	हुल्	1 P S	to go; to cover	
हुलँ	हिंसायाम्	हुल्	1 P S	to kill	
हूडँ	गतौ	हूड्	1 P S	to go	
हृ	प्रसह्यकरणे	हृ	3 P A	to carry off	
हृञ्	हरणे	हृ	1 U A	to take away; to lead; to draw to a distance	
हृषँ	तुष्टौ	हृष्	4 P S	to be delighted	पुषादि
हृषुँ	अलीके	हृष्	1 P S	to tell a lie	
हेठँ	विबाधायाम्	हेठ्	1 A S	to strike; to be wicked	
हेठँ	विबाधायाम्	हेठ्	9 P S	to strike; to be wicked	
हेडँ	वेष्टने	हेड्	1 P S	to surround; to attire	घटादि, मित्
हेडृँ	अनादरे	हेड्	1 A S	to disregard	
हेपृँ	गतौ	हेप्	1 A S	to go	
हेषृँ	अव्यक्ते शब्दे	हेष्	1 A S	to neigh; to roar	
होडृँ	अनादरे	होड्	1 A S	to disregard	
होडृँ	गतौ	होड्	1 P S	to go	
ह्नुङ्	अपनयने	ह्नु	2 A A	to take away; to conceal	
ह्मलँ	चलने	ह्मल्	1 P S	to go; to shake	घटादि, मित्
ह्रगेँ	सँव्वरणे	ह्रग्	1 P S	to cover; to hide	घटादि, मित्
ह्रसँ	शब्दे	ह्रस्	1 P S	to sound	
ह्रादँ	अव्यक्ते शब्दे	ह्राद्	1 A S	to sound; to roar	
ह्री	लज्जायाम्	ह्री	3 P A	to blush; to be ashamed	
ह्रीछँ	लज्जायाम्	ह्रीच्छ्	1 P S	to blush; to be ashamed	
ह्रेषृँ	अव्यक्ते शब्दे	ह्रेष्	1 A S	to neigh	
ह्लगेँ	सँव्वरणे	ह्लग्	1 P S	to cover	घटादि, मित्
ह्लपँ	व्यक्तायां वाचि	ह्लप्	10 U S	to speak; to sound	
ह्लसँ	शब्दे	ह्लस्	1 P S	to sound	
ह्लादीँ	सुखे च	ह्लाद्	1 A S	to be glad; to sound	
ह्वलँ	चलने	ह्वल्	1 P S	to go; to shake; to be afflicted	घटादि, मित्
ह्वृ	कौटिल्ये	ह्वृ	1 P A	to be crooked; to deceive	
ह्वेञ्	स्पर्धायाम् शब्दे च	ह्वे	1 U A	to vie with; to call upon; to invoke; to ask	यजादि

Classification of roots by conjugation and group (गण)

भ्वादयः

द्युतादयः (1.3.11 द्युद्भ्यो लुङि। ~ परस्मैपदं वा) **e.g.** अद्युतत् / आद्योतिष्ट

(3.1.55 पुषादिद्युताद्यॢदितः परस्मैपदेषु। ~ अङ् च्लेः)

द्युतँ, श्विताँ, ञिमिदाँ, ञिष्विदाँ, रुचँ, घुटँ, रुटँ, लुटँ, लुठँ, शुभँ, क्षुभँ, णभँ, तुभँ, स्रंसुँ, ध्वंसुँ, भ्रंसुँ, स्रम्भुँ, वृतुँ, वृधुँ, शृधुँ, स्यन्दूँ, कृपूँ

वृतादयः (1.3.92 वृद्भ्यः स्यसनोः। ~ परस्मैपदं वा) **e.g.** वर्त्स्यति, विवृत्सति, वर्तिष्यते, विवर्तिषते

वृतुँ, वृधुँ, शृधुँ, स्यन्दूँ, कृपूँ

घटादयः

षितः (घटादयः षितः – 3.3.104 षिद्भिदादिभ्योऽङ्। ~ स्त्रियाम्) **e.g.** जरा, त्रपा

घटँ, व्यथँ, प्रथँ, प्रसँ, म्रदँ, स्खदँ, क्षजिँ, दक्षँ, क्रपँ, कदिँ, क्रदिँ, क्लदिँ, कदँ, क्रदँ, क्लदँ, ञित्वराँ

मितः (घटादयः मितः – 3.4.92 मितां ह्रस्वः। ~ णौ) **e.g.** घतयति, व्यथयति, जनयति

घटँ, व्यथँ, प्रथँ, प्रसँ, म्रदँ, स्खदँ, क्षजिँ, दक्षँ, क्रपँ, कदिँ, क्रदिँ, क्लदिँ, कदँ, क्रदँ, क्लदँ, ञित्वराँ, ज्वरँ, गडँ, हेडँ, वटँ, णटँ, ष्टकँ, चकँ, कखेँ, रगेँ, लगेँ, ह्रगेँ, ह्लगेँ, षगेँ, ष्टगेँ, कगेँ, अकँ, अगँ, कणँ, रणँ, चणँ, शणँ, श्रणँ, श्रथँ, श्लथँ, क्रथँ, क्लथँ, चनँ, वनुँ, ज्वलँ, ह्वलँ, ह्मलँ, स्मृ, दॄ, नॄ, श्रा, ज्ञा, मदीँ ध्वनँ स्वनँ, फणँ

(दिवादि) जनीँ, जॄष्, क्नसुँ (भ्वादि) रञ्जँ, अम्-अन्तधातवः

- अनुपसर्गात् विकल्पेन मित् (भ्वादि) ज्वलँ, ह्वलँ, ह्मलँ, णमँ, वनुँ, टुवमँ, ग्लै, ष्णै, (अदादि) ष्ण

- मिन्न (भ्वादि) कमुँ, अमँ, चमुँ

-अदर्शने अर्थे मित् (दिवादि) शमँ

-अपरिवेषणे अर्थे मिन्न (भ्वादि) यमँ

-अव-परिभ्यामुपसर्गाभ्यां मिन्न (भ्वादि) स्खदँ

- मिच्च (चुरादि) ज्ञपँ यमँ चहँ रहँ बलँ चिञ् - न अन्ये मितः अहेतौ (चुरादि) शमँ अमँ

(After चिञ् in चुरादि, अम्-ending धातु with णिच् not in हेतुमति is not मित्.)

फणादयः (6.4.124 फणां च सप्तानाम्। ~ वा एत् अभ्यासलोपः किति लिटि सेटि थलि)

e.g. फेणतुः / पफणतुः, फेणिथ / पफणिथ

फणँ, राजृँ, टुभ्राजृँ, टुभ्राशृँ, टुभ्लाशृँ, स्यमुँ, स्वनँ, ध्वनँ

ज्वलादयः (3.1.140 ज्वलितिकसन्तेभ्यो णः। वा) **e.g.** ज्वालः / ज्वलः

ज्वलँ, चलँ, जलँ, टलँ, ट्वलँ, ष्ठलँ, हलँ, णलँ, पलँ, बलँ, पुलँ, कुलँ, शलँ, हुलँ, पत्लृँ, क्वथेँ, पथेँ, मथेँ, टुवमँ, भ्रमुँ, क्षरँ, षहँ, रमुँ, षद्लृँ, शद्लृँ, क्रुशँ, कुचँ, बुधँ, रुहँ, कसँ

यजादयः (6.1.15 वचिस्वपियजादीनां किति । ~ सम्प्रसारणं किति)

e.g. इष्टः, उप्तः, ऊढः, उषितः, उतः, संवीतः आहूतः, उदितः शूनः

यजँ, डुवपँ, वहँ, वसँ, वेञ्, व्येञ्, ह्वेञ्, वदँ, टुओँश्वि

अदादयः

रुदादयः (7.2.76 रुदादिभ्यः सार्वधातुके । ~ इट् वलादेः) **e.g.** रोदिति, स्वपिति, श्वसिति, प्राणिति, जक्षिति

रुदिँर्, ञिष्वपँ, श्वसँ, अनँ, जक्षँ

जक्षित्यादयः (6.1.6 जक्षित्यादयः षट् । ~ अभ्यस्तम्) **e.g.** जक्षत्, जाग्रत्, दरिद्रत्, शासत्, दीध्यत्, वेव्यत्

जक्षँ, जागृ, दरिद्रा, चकासृँ, शासुँ, दीधीङ्, वेवीङ्

जुहोत्यादयः

भृञादयः (7.4.76 भृञामित् । ~ अभ्यासस्य इत् श्लौ) **e.g.** बिभर्ति, मिमीते, जिहीते

डुभृञ्, माङ्, ओँहाङ्

निजादयः (7.4.75 निजां त्रयाणां गुणः श्लौ । ~ अभ्यासस्य) **e.g.** नेनेक्ति, वेवेक्ति, वेवेष्टि

णिजिँर्, विजिँर्, विषॢँ

दिवादयः

पुषादयः (3.1.55 पुषादिद्युताद्य्लृदितः परस्मैपदेषु । ~ अङ् च्लेः) **e.g.** अपुषत्

पुषँ, शुषँ तुषँ, दुषँ, श्लिषँ, शकँ, ञिष्विदाँ, क्रुधँ, क्षुधँ, शुधँ, षिधुँ, रधँ, णशँ, तृपँ, दृपँ, द्रुहँ, मुहँ, ष्णुहँ, ष्णिहँ, शमुँ, तमुँ, दमुँ, श्रमुँ, भ्रमुँ, क्षमूँ, क्लमुँ, मदीँ, असुँ, यसुँ, जसुँ, तसुँ, दसुँ, वसुँ, व्युषँ, प्लुषँ, बिसँ, कुसँ, बुसँ, मुसँ, मसीँ, लुटँ, उचँ, भृशुँ, भ्रंशुँ, वृशँ, कृशँ, ञितृषँ, हृषँ, रुषँ, डिपँ, कुपँ, गुपँ, युपँ, रुपँ, लुपँ, लुभँ, क्षुभँ, णभँ, तुभँ, क्लिदूँ, ञिमिदाँ, ञिक्ष्विदाँ, ऋधुँ, गृधुँ

रधादयः (7.2.75 रुधादिभ्यश्च । ~ इट् वलादेः आर्धधातुकस्य वा) **e.g.** रद्धा, रधिता, नष्टा, नशिता

रधँ, णशँ, तृपँ, दृपँ, द्रुहँ, मुहँ, ष्णुहँ, ष्णिहँ

शमादयः (7.3.74 शमामष्टानां दीर्घः श्यनि ।) **e.g.** शाम्यति, ताम्यति, दाम्यति, श्राम्यति, क्षाम्यति

शमुँ, तमुँ, दमुँ, श्रमुँ, भ्रमुँ, क्षमूँ, क्लमुँ, मदीँ

स्वादयः

तुदादयः

कुटादयः (1.2.1 गाङ्कुटादिभ्योऽञ्णिन्ङित् ।) **e.g.** उत्कुटिता, उत्कुटितुम्, उत्कोटयति, उत्कोटकः

कुटँ, पुटँ, कुचँ, गुजँ, गुडँ, डिपँ, छुरँ, स्फुटँ, मुटँ, त्रुटँ, तुटँ, चुटँ, छुटँ, जुडँ, कडँ, लुटँ, कृडँ, कुडँ, पुडँ, घुटँ, भुटँ, तुडँ, थुडँ, स्थुडँ, खुडँ, छुडँ, स्फुरँ, स्फुलँ, स्फुडँ, चुडँ, ब्रुडँ, व्रुडँ, क्रुडँ, भ्रुडँ, गुरीँ, णू, धू, गु, ध्रु, ध्रुवँ, भ्रु, कुङ्

किरादयः (7.2.75 किरश्च पञ्चभ्यः । ~ इट् सनि)

e.g. चिकरिषति, जिकरिषति, दिदरिषते, दिधरिषते, पिपच्छिषति

कॄ, गॄ, दृङ्, धृङ्, प्रछँ

मुचादयः (7.1.59 शे मुचादीनाम् । ~ नुम्)

e.g. मुञ्चति, लुम्पति, विन्दति, लिम्पति, सिञ्चति, कृन्तति, खिन्दति, पिंशति

मुच्लृँ, लुप्लृँ, विद्लृँ, लिपँ, षिचँ, कृतिँ, खिदँ, पिशँ

रुधादयः

तनादयः

क्र्यादयः

प्वादयः (7.3.80 प्वादीनां ह्रस्वः । ~ शिति) **e.g.** पुनाति, लुनात, स्तृणाति

पूञ्, मूञ्, लूञ्, स्तॄञ्, कॄञ्, वॄञ्, धूञ्, शॄ, पॄ, स्पॄ, वॄ, भॄ, मॄ, दॄ, जॄ, झॄ, नॄ, कॄ, ॠ, गॄ, हॄ, ज्या, री, ली, व्लीँ, प्लीँ

ल्वादयः (8.2.44 ल्वादिभ्यः । ~ निष्ठातः नः) **e.g.** लूनः, धूनः

लूञ्, स्तॄञ्, कॄञ्, वॄञ्, धूञ्, शॄ, पॄ, स्पॄ, वॄ, भॄ, मॄ, दॄ, जॄ, झॄ, नॄ, कॄ, ॠ, गॄ, हॄ, ज्या, री, ली, व्लीँ, प्लीँ

चुरादयः

कण्ड्वादयः (3.1.27 कण्ड्वादिभ्यो यक् ।) **e.g.** कण्डूयते

कण्डूञ्, मन्तु, वल्गु, असु, मनस्, असू, असूञ्, लेट्, लोट्, लेला, इयस्, इरज्, इरञ्, इयस्, उषस्, वेद, मेधा, कुषुभ, मगध, तन्तस्, पम्पस्, सुख, दुःख, सपर, अरर, भिषज्, तिषज्, भिष्णज्, इषुध, चरण, चुरण, तुरण, भुरण, गद्गद, एला, केला, खेला, इला, लिट, लाट, हृणीङ्, महीङ्, रेखा, दुवस्, तिरस्, अगद, उरस्, तरण, पयस्, सम्भूयस्, अम्बर, सम्बर

ऋत्यादयः (सौत्रधातवः)

ऋति (3.1.29 ऋतेरीयङ् ।), स्तन्भु, स्कन्भु, स्तुन्भु, स्कुम्भु (3.1.82 स्तन्भु-स्तुन्भु-स्कन्भु-स्कुन्भु-स्कुञ्भ्यः श्नुश्च ।), साति (3.1.138 अनुपसर्गाल्लिम्प-विन्द-धारि-पारि-वेद्युदेजि-चेति-साति-साहिभ्यश्च।), जु (3.2.150 जु-चङ्क्रम्य-दन्द्रम्य-सृ-गृधि-ज्वल-शुच-लष-पत-पदः ।)

भिदादयः (3.3.104 षिद्भिदादिभ्योऽङ् । ~ स्त्रियाम्)

भिदा, छिन्दा, विदा, गुहा, श्रद्धा, मेधा, गोधा, आरा, हारा, कारा, क्षिया, तारा, धारा, रेखा, चूडा, पिडा, वपाक् वसा, मृजा, कृपा

Glossary of roots with prefixes

10U		अंश्	
	वि		disturb, cheat
1U, 10U		अञ्च्	
	अप		put away, run away, drive away
	आ		bend
	उत्		go up, rise, appear
	उप		draw or raise water
	नि		bend down, diminish
	परा		turn or go back
	परि		whirl, twist
	प्रति		turn inward
	वि		draw or bend, extend, stretch
	सम्		bend or drive, crowd together
7P		अञ्ज्	
	अधि		equip, furnish
	अभि		anoint, smear with
	अभिवि		reveal, manifest
	आ		anoint, smooth, prepare, honor
	वि		reveal, manifest, show
1A		अय्	
	अन्तर्		interpose, intervene
	अभ्युद्		rise, prosper
	उद्		(P) rise
	परा (पला)		run away, escape, flee, fly away
10A		अर्थ्	
	अभि		beg, request
	अभिप्र		beg, request, desire
	प्र		beg, request, desire, search, seize
	प्रति		challenge, encounter
	सम्		believe, consider, regard
	समभि		beg
	संप्र		beg
2P		अस्	
	अति		to be over, excel
	आवोस्		arise, be visible
	प्रदुस्		appear
	व्यति		excel
	व्यतिहे		excel

	व्यतिसम्		excel
	व्यतिस्ते		excel
4P		अस्	
	अति		shoot, overpower
	अधि		superimpose, place upon another, attribute one's nature to another
	अप		reject
	अभि		practice, repeat
	उद्		raise, erect, expel
	उपनि		place near, lay upon, mention, describe in detail, explain
	नि		set, place, throw down, abandon, apply, entrust, confer, state, bring toward
	निस्		throw, omit, destroy, expel, eclipse
	परा		omit, expel, refute
	परि		diffuse, surround, turn around, shed, upset
	परिनि		spread, stretch
	पर्युद्		reject, exclude
	प्र		throw
	प्रति		give up, throw
	वि		take separately or singly, toss about, scatter, dispel, separate, arrange, expel
	विनि		put down, deposit, fix in, direct toward, deliver, entrust, arrange, dispose
	विपरि		reverse, misunderstand, undergo change
	व्युद्		transcend, give up
	सम्		unite, combine, compound
	सन्नि		place, deposit, abandon, entrust, resign the world (intransitive)
5P		आप्	
	अनुप्र		obtain, go, arrive
	अव		obtain, reach, overtake
	परि		be competent, be full
	परिसम्		(pass.) be resolved, be fully completed
	प्र		obtain, reach
	वि		pervade, fill completely
	सम्		obtain, finish
	संवि		pervade
2A		आस्	
	अधि		lie down, occupy, settle down
	अनु		be seated near or around, serve
	उद्		be indifferent
	उप्		serve, approach, take part, pass (time), undergo, expect
	पयुप		serve, seek shelter, surround, partake, frequent

	सम्		sit down, sit around
	समुप		serve, perform
2P		इ	
	अति		cross, violate, excel, omit
	अधि		remember with regret (with genitive of object), learn (A-अधीते)
	अनु		succeed, follow, obey, go along, seek
	अन्वा		follow
	अन्तर		intervene, obstruct, hide
	अप		be omitted, be deprived of, be free from, go away, depart, withdraw, retire, run away, die
	अपि		gain
	अभि		approach, follow, serve, undergo, meet with
	अभिप्र		go to, intend
	अभ्या		approach
	अभ्युद्		rise, prosper
	अभ्युप		approach, undertake, agree, grant
	अव		know, learn
	आ		come, draw near
	उद्		rise, thrive, be produced
	उप		endow, obtain, approach
	नि		ascertain
	निर्		depart, set out
	परा/पला		run away, flee, reach, die
	परि		go around, surround, think of, change
	प्र		die, depart
	प्रति		recognize, perceive, return, believe, learn, be well known, be pleased
	प्रत्युद्		to go forth, to meet or receive
	वि		depart, spend, undergo change
	विपरि		be opposed to, be different, be otherwise, change (for the worse), turn in an opposite direction
	व्यति		swerve from, pass (time), pass beyond
	व्यप		depart from, be free from, part asunder
	सम्		come together or meet
	समनु		accompany
	समव		assemble, be related
	समा		come together, meet
	समुद्		be heaped together, collect
	समुप्		obtain
	संप्रति		decide, judge
6P		इष्	
	अनु		search

65

	अभि		desire
	परि		search
	प्रति		accept
4P		इष्	
	अनु		search
	प्र		send, hurl, dispatch
1U		इष्	
	अनु		follow
1A		ईक्ष्	
	अधि		suspect
	अनु		keep in view, search
	अप		require, rely upon, depend, await, have regard to, respect, consider
	अभिवि		look at or toward
	अव		perceive, observe, aim at, have regard, think
	उद्		look up to, wait
	उतप्र		anticipate, believe
	उद्वि		look up to
	उप		neglect, disregard, consider
	निर्		gaze, view completely, search for
	परि		scrutinize, examine, try
	प्र		perceive
	प्रति		wait for
	प्रतिवि		look at in return
	वि		behold
	व्यप		care for, expect, pay regard or attention to, mind, respect,
	सम्		see, consider, examine
	समव		see, consider, inspect
	समुप		neglect, disregard
		ईर्	
	उद्		rise, utter, put forth, throw, raise, display
	प्र		propel, throw, incite
	सम्		utter, shake
	समुद्		utter
1A		ईह्	
	सम्		desire, strive for
1A		उक्ष्	
	अभि		sprinkle with holy water
	परि		sprinkle round about
	प्र		consecrate by sprinkling holy water

	संप्र		consecrate by sprinkling holy water
1P		उह्	
	अप		drive away, follow immediately, remove
	व्यप		see ऊह्
1U		ऊह्	
	अप		drive away, follow immediately, remove
	अपवि		prevent, ward off
	अभि		guess, cover
	उप		bring near or down
	निर्वि		accomplish, bring about
	परिसम्		sprinkle round about
	प्रति		oppose, interrupt
	प्रतिवि		array troops against
	वि		arrange troops in battle, array
	व्यप		drive away, remove, keep off
	सम्		gather, assemble
1U		एज्	
	अप		drive away
	उद्		rise
1U		कट्	
	प्र		appear, shine, display
1A		कम्प्	
	अनु		to pity
	समनु		to pity
10U		कल्	
	आ		seize, consider, know, bind
	परि		know, consider, be aware of
	वि		maim, cripple
	सम्		add, sum up, consider
1P		कस्	
	निस्		take, draw out, expel
	प्र		(caus.) cause to expand, open
	वि		open, expand
1P		काङ्क्ष्	
	आ		require, need, wish
1P, 4P		काश्	
	निस		(caus.) expel, open
	प्र		shine, look brilliant
	प्रति		shine by contrast

	वि		open, bloom
1P		कित्	
	वि		(with सन्) to doubt
4P, 10U		कुप्	
	व्या		contradict
5U, 8A		कृ	
	अङ्गी		agree, accept, agree, betake on self
	अति		exceed
	अधि		authorize, be entitled to, have a right to, aim at, refer to, make the subject of, to be used as the head or governing rule, superintend
	अनु		do after, imitate (accusative or genitive)
	अप		drag away, hurt (genitive of person)
	अपा		drive away, dispel, remove, give up
	अभ्यन्तरी		initiate in, make a friend of
	अलम्		adorn, grace
	आ		call, bring near
	आविस्		manifest, display
	उप		befriend, assist, oblige (genitive or locative of person)
	उपस्		adorn, grace, prepare, refine, make effort (with genitive of a thing)
	उपा		deliver, perform a right, fetch, begin
	उरी, ऊरी		accept
	खिल्		obstruct
	तिरस्		abuse, despise, surpass
	दक्षिणी		walk around a thing keeping it on the right hand side
	प्रदक्षिणी		walk around a thing keeping it on the right hand side
	दस्		act wrongly
	धिक्		reproach, condemn
	नमस्		salute, adore
	नि		injure, wrong
	निस्		remove, break, frustrate
	निरा		dismiss, refute, negate, expel, repudiate, give up, destroy, slight
	न्यक्		insult, condemn
	पर		(P) reject, disregard
	परि		surround
	पुरस्		place in front, use as a pretext, follow
	प्र		make, produce, accomplish, effect, make the subject of discussion
	प्रति		repay, remedy
	प्रमाणी		confide, believe, obey, mete out, fix upon
	प्रादुस्		display
	प्रत्युप		return an obligation

	वि		alter, deform, create, harm (A), utter (sound), be faithless
	विनि		injure
	विप्र		tease, harass, affect
	व्या		make manifest, propound, explain, narrate
	सम्		commit, manufacture, prepare, perform
	संस्		adorn, refine, purify, cultivate, cook
	साची		turn aside or askance
6U		कृष्	
	अप		draw away, loosen, diminish, decrease (causative) remove, take away, lessen, diminish, detract from;
	अव		draw, draw away from
	आ		drag, extract, bend, snatch
	उद्		draw up, extricate, increase, (causative) elevate, raise, increase, (passive) be lifted or drawn up, be raised, rise, become powerful, become eminent
	नि		sink down
	निस्		draw out, extort, snatch
	परि		draw, bend
	प्र		draw away, lead, bend, increase
	वि		draw, bend
	विप्र		remove, lead away
	सन्नि		(passive) come into close or immediate contact with (instr.)
6P		कॄ	
	अप		scatter, cast out
	अपस्		(A) scrape with feet through joy (said of quadrupeds & birds)
	अपा		cast off, reject
	अव		scatter, throw
	आ		spread round, dig up, fill up, cover, heap up
	उद्		scatter upwards, dig up, carve, engrave
	उपस्		cut, hurt, injure
	परि		surround, deliver
	प्र		scatter, sow
	प्रतिस्		hurt, tear
	वि		scatter
	विनि		throw, abandon
	सम्		mix, co-mingle, scatter about, diffuse, fill
	समुद्		perforate, bore, pierce
1A		कॢप्	
			(causative) set in order, arrange, distribute, dispose
	अव		(dative) result in, accomplish
	आ		(causative) adorn

	उप		(dative) result in, be prepared for
	परि		(causative) present as though, decide, prepare, endow with, fix
	प्र		happen, be successful, (causative) invent, plan
	वि		manifest, make, form, doubt, be doubtful, question, (causative) be optional
	सम्		(causative) determine, wish, long for, intend, aim at
	समुप		get ready
1U, 4P		क्रम्	
	अति		cross, go beyond, excel, violate, neglect
	अधि		ascend
	अध्या		occupy, fill, take
	अनु		follow, begin, give the contents of
	अनुनिस्		originate
	अन्वा		visit one after another
	अप		leave
	अभि		approach, wander, attack
	अव		withdraw
	आ		approach, attack, fill, enter, begin, rise (A), ascend
	उद्		neglect, go up, out or beyond
	उप		approach, attack, treat, make advance of love, (A) perform, set about, begin
	निस्		leave, issue from
	परा		(A) display courage, turn back, attack
	परि		walk about, overtake
	प्र		begin, walk on, set out
	प्रति		return
	वि		(A) walk along or through, (P) cleave open
	व्यति		transgress, pass time
	व्युद्		meet together, traverse, approach, go over or be transferred to another, enter on or in
	सम्		come or meet together, traverse, cross, go or pass through, be transferred (to another), enter in, take possession of.
	समा		occupy, fill, subdue
9U		क्री	
	आ		buy
	निस्		buy of, redeem, ransom
	परि		buy, return, hire, (A) (instr. or dative) of price – शतेन शताय वा परिक्रीतः ।
	वि		sell, (A) barter
1P		क्रीड्	
	सम्		make a noise
4P		क्रुध्	
	प्रति		be angry in return

1P		क्रुश्	
	अनु		pity
	आ		abuse
	प्रत्या		rebuke in return
	वि		utter, resound
1P		क्षर्	
	वि		melt away, dissolve
1P, 5P, 9P		क्षि	
	अप		delay, wane, be lean or emaciated
	परि		delay, wane, be lean or emaciated
	प्र		delay, wane, be lean or emaciated
	सम्		delay, wane, be lean or emaciated
6U, 4P		क्षिप्	
	अधि		censure, surpass
	अव		abandon, slander
	आ		object to (as argument), throw down, hit, contract, snatch, indicate, infer, disregard, insult
	उद्		throw up
	उप		throw at, indicate, begin, insult, upbraid
	नि		put, entrust, reject, bestow on
	परि		surround, embrace
	पर्या		bind, collect (as hair)
	प्र		put into, throw at or in, insert, interpolate
	वि		throw, divert, distract
	सम्		collect, withdraw, destroy, shorten, abridge
7U		क्षुद्	
	प्र		crush, bruise
1U, 4P		क्षीन्	
	प्र		murmur, hum
10U		खच्	
	उद्		intermix, set or inlay with
1U		खन्	
	अभि		dig
	उद्		dig out, eradicate
	नि		dig, bury, inter, erect, implant, pierce into
	परि		dig around (as a ditch)
2P		ख्या	
	अभि		(passive) be known
	आ		tell, declare, signify, call, name (with dative or genitive of person)
	उपसम्		supplement, add, further enumerate

	परि		be well-known
	परिसम्		enumerate, limit to a certain number
	प्र		be well-known
	प्रत्या		refute, deny, decline, reject, forbid, prohibit, interdict, surpass
	वि		be well-known
	व्या		comment, expound, tell, declare, communicate, explain, relate, name, call
	सम्		count, enumerate, sum up, calculate
10U		गण्	
	अधि		count, praise
	परि		enumerate, count
	प्र		calculate
	वि		number, regard, reject, consider
1P		गम्	
	अति		go, pass away
	अधि		understand, accomplish, acquire, approach, learn, marry
	अध्या		get, meet with
	अनु		go after, approach, initiate, resemble, respond to
	अन्तर्		go between, be included in, comprised of
	अप		go away, disappear
	अभि		approach, visit, find, meet with, cohabit
	अभ्या		approach, arrive, obtain
	अभ्युद्		go up, go forth to meet, extend
	अभ्युप		accept, agree to, undertake, grant, own
	अव		know, understand, learn, think, believe, consider, regard
	आ		come, arrive at, attain, (causative) lead toward, convey, learn, (A) wait
	उद्		rise, shoot up, proceed, originate, be famous
	उप		go near [Ke3.12] approach, go, attain, penetrate, undergo, consent
	उपा		come to, attain
	नि		go to, attain, learn, (causative) conclude, sum up
	निस्		go out, depart, remove, be cured (of a disease)
	परा		return, surround, pervade
	परि		go or walk around, surround, pervade, learn, obtain, die, overpower, affect
	पर्या		approach, complete, conquer, subdue
	प्रति		return, advance toward
	प्रत्या		return, come back
	प्रत्युद्		go forth to meet (as a mark of respect)
	वि		pass away (as time), vanish
	विनिस्		go out, vanish
	विप्र		separate

	सम्		attain, bring together, join, meet, agree, harmonize, be suitable (A) in instransitive meaning,
	समधि		approach, study, acquire
	समव		know fully
	समुपा		approach, befall
1P, 10U		गर्ज्	
	अनु		echo, roar in return
	प्रति		roar against, resist
1P, 10U		गल्	
	निस्		ooze, trickle down, flow out
	पर्या		drop down
	वि		drop down, ooze, vanish
1A		गाह्	
	अव		(अ often dropped), plunge, enter, penetrate, pervade
	उप		enter, break in
	वि		plunge, bathe, pervade, agitate
	सम्		enter, penetrate
9P		गॄ	
	अनु		encourage
6P		गॄ	
	अव		(A) eat, devour
	उद्		eject, vomit, discharge
	नि		swallow, eat up
	सम्		swallow, (A) make a vow
1P		गै	
	अनु		follow in singing
	अव		censure, blame
	उद्		sing aloud
	उप		sing, sing near
	परि		sing, relate, describe
	वि		censure, blame, sing in a discordant tune
1A, 9P, 10U		ग्रन्थ्	
	उद्		tie or sew together, intertwine, unbind, loosen
9U		ग्रह्	
	अनु		favor, oblige, show kindness to
	अनुसं		salute humbly
	अप		take away, tear off
	अभि		extol (GB 15-19) seize forcibly
	अव		oppose, resist, punish, capture, overpower
	आ		persist in

	उद्		raise, deposit, draw out
	उप		provide, seize, accept, support, favor
	नि		keep in check, control, stop, punish, chastise, seize, close or contract (as eyes)
	परि		embrace, surround, seize, assume, accept, support
	प्र		take hold, restrain, extend
	प्रति		seize, support, accept, encounter, resist, marry, conform to, listen to, resort
	वि		seize, quarrel, fight
	सम्		collect, receive kindly, restrain, unstring (as a bow)
1A		घट्	
	प्र		to busy with, begin
	वि		be stopped, break down, be separated
	सम्		be united
10U		घट्	
	उद्		open, break open
1A, 10U		घट्ट्	
	अव		open
	परि		strike
	वि		strike down, disperse, scare away, rub
	सम्		strike, unite, gather, rub or force against
1P		घृष्	
	उद्		scratch
	सम्		rival, emulate, scratch
2A		चक्ष्	
	आ		speak, narrate, communicate, teach (all dative of person), say or address oneself to, name, call, state (by श्रुति)
	अन्वा		restate (by श्रुति)
	निरा		refute
	परि		declare, enumerate, name, mention, call
	प्र		speak, lay down, name, call
	प्रत्या		refuse, decline, reject, repulse, answer, refute, oppose in argument
	व्या		explain, comment upon
10U		चट्	
	उद्		scare away, uproot
1P		चर्	
	अति		transgress, offend
	अनु		follow
	अन्वा		imitate, follow
	अप		transgress, disregard
	अभि		trespass, offend, be faithless (as a husband), betray, conjure, charm

	आ		act, perform, practice, treat, behave toward, roam, follow, resort to
	उद्		(P) go up toward, rise (as a voice), utter, pronounce, void excrement, (A) transgress, deviate, rise up to, ascend
	उप		serve, nurse, treat (medically), approach, act or deal toward, (passive) be used figuratively or metaphorically, be applied figuratively
	दुस्		cheat, deceive
	परि		go or walk about, serve, nurse, tend
	प्र		walk about, stalk forth, spread, be prevalent or current, prevail as a custom, set about, proceed to work
	वि		wander, perform, deal, behave, (causative) inquire, examine, investigate, ponder, reflect, consider, discuss, call in question
	व्यभि		go astray, deviate, transgress, be faithless to, act crookedly
	सम्		(A) (when used with the instruments of a conveyance) move, pass, go, practice, perform, pass over, be transferred to
	समा		perform, do, practise, behave, act
1P		चल्	
	उद्		start, move from
	प्र		shake, be agitated, swerve
	वि		shake, go, set out, be agitated, be rough (as the sea), swerve
5U		चि	
	अप		(active or passive same, mainly passive) diminish, be deprived of, waste away
	आ		accumulate, fill or cover with
	उद्		gather, collect
	उप		add to, increase, (passive) grow, increase
	नि		cover or fill with, strew, overspread
	निस्		determine, ascertain, be firm, be immovable
	परि		practice, get, acquire, (passive) increase
	प्र		gather, develop, increase, (passive) grow
	वि		gather, look out for
	विनिस्		determine, ascertain
	सम्		gather, hoard, arrange
	समुद्		collect, heap up
10U		चिन्त्	
	अनु		think over, call to mind
	परि		think, consider, judge, remember, devise
	वि		think, consider, regard, intend, fix upon, determine, discover, devise
	सम्		think, consider, weigh (in the mind), discriminate
10U		चुद्	
	परि		push on, prompt
	प्र		impel, urge, direct
	सम्		throw, incite, direct
10U		छन्द्	

	उप्		flatter, coax, invite, request, give one something
7U		छिद्	
	अव		cut off, tear to pieces, divide, distinguish, discriminate, modify, define, limit
	आ		cut off, tear, snatch away, exclude, extract, disregard
	उद्		cut off, destroy, eradicate, interfere with, interrupt
	परि		tear, wound, divide, fix accurately, set limits to, define, decide, distinguish
	प्र		cut off, cut to pieces, take away, withdraw
	वि		cut off, tear, divide, interrupt, terminate, destroy, make extinct (as a family)
	सम्		cut off, divide, drive off, clear, solve, remove (as a doubt)
4A		जन्	
	अनु		be born after, be born similar to
	अभि		be born, arise, be, become, be turned into, be born of a high family, be born to or for
	उप		be born or produced, grow, arise, be, become, be born again
	प्रविसम्		be born, grow, arise
	सम्		be born, grow, arise, (caus.) generate, produce
1P		जप्	
	उप		whisper into the ears of, to win over to one's party by secretly suggesting in the ear, to instigate or rouse to rebellion
1P		जि	
	परा		defeat, be defeated, lose, (A) find something unbearable
	वि		conquer, excel, be victorious, be supreme before, (A) eminent
1P		जीव्	
	अति		survive
	अनु		hang on, live by or upon, serve, see without envy, live for anyone, follow in living, survive
	उद्		revive, return to life
	उप		live upon, subsist, serve, depend on
1A		जृम्भ्	
	उद्		appear, rise, spring up
	वि		yawn, gape, open, expand (as a flower), pervade, rise, appear, project
	समुद्		attempt, strive
9U		ज्ञा	
	अनु		permit, agree to, promise, forgive, own, request
	अप		conceal, disown, (A) deny
	अभि		recognize, be familiar with, consider, admit, acknowledge
	अव		despise, disregard
	आ		know, find out, (causative) order, direct, assure, dismiss, give leave to
	परि		know, be familiar with, find out, recognize
	प्रति		(A) promise, confirm, state, assert

	प्रत्यभि		recollect, predict, recognize
	वि		know, learn, find out, consider, (causative) request, communicate, say, speak in general
	सम्		(A) know, recognize, live in harmony with, agree together (with locative or instrumental), watch, be on the alert, accede, agree with, remember, (P) think of, (causative) inform
1P, 10U		टङ्क्	
	उद्		scrape, scratch, bore out, pierce
10U		डम्ब्	
	वि		imitate, copy, resemble, ridicule, cheat, afflict pain
8U		तन्	
	अव		spread, cover, descend
	आ		stretch, cover, spread, diffuse, cause, create, make
	उद्		stretch up
	प्र		spread, diffuse, cover, cause, produce, operate, show, perform
	वि		spread, stretch, cover, fill, form, make, stretch as a bow, cause, produce, create, bestow, compose, show, exhibit
	सम्		continue
1P		तप्	
	अनु		grieve, repent
	उद्		warm, scorch, melt (A-when used intransitively in the sense "to shine" or when it has a limb of the body for its object), consume, torment
	उप		heat, pain, distress
	निस्		heat, purify, burnish
	परि		heat, burn, consume
	पश्चात्		repent, be sorry for
	वि		shine (A - like उद्), heat, warm
	सम्		heat, be distressed, repent
1P, 10U		तुल्	
	उद्		support, poise
7U		तृद्	
	वि		break, hurt, destroy
1P		तॄ	
	अति		cross over, overcome
	अव		descend, to make one's appearance (causative) introduce
	उद्		pass out of (water), rise from, disembark, pass over, subdue, overcome
	निस्		cross over, accomplish, surmount, go to the end
	प्र		cross over, cheat
	वि		cross over, go beyond, give, impart, bestow, cause, produce, carry over
	व्यति		cross, overcome
	सम्		cross, overcome, float, swim, go to the end of
1P		त्यज्	

	परि		resign, abandon
1A		त्रप्	
	अप		turn away or retire through shame
1P		दंश्	
	उप		eating anything as a condiment
	सम्		bite, sting, stick or adhere closely
1P		दल्	
	वि		crack, dig up
1P		दा	
	प्रति		exchange
3U		दा	
	आ		(A) receive, accept, resort to, utter as words, seize, exact, take in (as taxes), carry, bear, perceive, comprehend, imprison
	उपा		(A) receive, accept, acquire, take, assume, carry, feel, perceive, seize, attack
	परि		hand over, consign
	प्र		grant, impart, teach
	प्रति		exchange, barter, return
	व्या		open, break open
	संप्र		grant, bestow upon, hand down by tradition, bequeath
10A		दिव्	
	परि		lament, suffer pain
6U		दिश्	
	अति		assign, make over, extend the application of, extend by analogy
	अप		point out, indicate, declare, say, tell, inform against, feign, refer to, have reference to
	अन्वा		name or mention again
	आ		point out, show (as a way), order, direct, aim at, single out, assign, teach, advise, instruct, prescribe, specify, foretell
	उद्		point out denote, signify, refer or allude to, mean, aim at, direct toward, assign or dedicate to, teach, advise
	उप		teach, advise, indicate, refer to, mention, announce, prescribe, sanction, settle, name, call
	निस्		point out, indicate, give, assign, allude to, tell, predict, communicate
	प्र		point out, indicate, show, assign, mention, give, bestow, confer upon
	प्रत्या		reject, show, cast off, obscure, eclipse, defeat, throw into the shade or background, order back, countermand
	व्यप		name, call, name or call falsely, speak of, profess, pretend, feign
	सम्		give, assign, make over, order, direct, instruct, send (as a message)
2U		दिह्	
	सम्		doubt, mistake for, confound with, (passive) start an objection
4P		दुष्	
	o		(causative) corrupt, destroy, vindicate, annul, blame, adulterate, falsify, refute
	प्र		be corrupted, err, sin, (causative) corrupt, blame

	सम्		be defiled
1P		दृश्	
	अनु		see in prospect, (causative) show, make clear
	आ		(causative) show or point out
	उद्		expect, look up to, foresee, see in prospect
	उप		see, (causative) place before, communicate, make one acquainted with
	नि		(causative) show, prove, consider, discuss (as in book), teach, illustrate by an example
	प्र		(causative) show, discover, exhibit, prove, demonstrate
	सम्		see
4, 9P		दॄ	
	वि		(caus.) pierce, tear asunder
1P		दै	
	अव		whiten, brighten, purify
1A		द्युत्	
	अभि		(causative) illuminate
	उद्		illuminate, adorn, grace
	वि		shine, be bright
2P, 4P		द्रा	
	नि		sleep, go to sleep
	वि		retreat, run away, fly
1P		द्रु	
	अनु		run after, accompany, chase, pursue
	अभि		attack, march against, befall, pass or run over
	उप		attack, run toward
	प्र		run away, retreat or fly to (with accusative or ablative)
	प्रति		run, fly or go to
	वि		run, run away, retreat
3U		धा	
	अतिसम्		cheat, deceive
	अन्तर्		receive within oneself, hide or conceal oneself from, cover
	अनुवि		be immediate
	अनुसम्		search, investigate, collect or calm oneself, refer or allude to, aim at, plan, arrange
	अपि		(अ is dropped sometimes), close, cover, hide, hinder, obstruct, bar
	अभि		say, denote, express, convey, name, call (pass.) designate
	अभ्या		put under, throw under
	अभिसम्		hold together, aim at, acknowledge, fix an arrow, think of
	अव		be attentive, give ear
	आ		place, offer, put, deposit, apply, fix upon, direct toward, produce
	आविस्		disclose, manifest, (not usually used in classical literature)

	उप		place, lay, place near, impose,
	उपा		place near or upon, wear, seize
	तिरस्		disapper, vanish, cover, hide from, remove
	नि		place, put, set down, confide, entrust, give, impart, put down, allay, restrain, bury, conceal
	परि		put, wear, enclose, surround, direct toward
	पुरस्		place or put at the head, make a family priest of one
	प्र		place, set before,
	प्रणि		place, put or lay down, set, put in, inlay, encase, apply, fix upon, direct toward, stretch out, extend, send out
	प्रति		return, restore, fix (as an arrow)
	प्रतिसम्		re-adjust, aim at, direct, conceive, comprehend, be, fasten, put on, wear, restore
	प्रवि		divide, do or make
	वि		lay down, ordain, prescribe, fix, settle, command, enjoin, do, make, bring about, effect, accomplish, cause, produce
	व्यव		place between, interpose, intervene, hide
	श्रद्		confide, believe, put faith in
	सम्		join, treat with, form alliance with, make peace with, fix upon, direct toward, place upon a bow, produce, cause, hold out against, be a match for, mind, repair, heal, inflict, grasp, support, grant, yield
	सन्नि		place, put or keep together, unite, place near, fix upon, direct toward, draw near, approach
	समा		absorb, clear or solve a doubt, answer an objection in commentaries, place, put or hold or fix together, unite, compose, collect (as the mind), concentrate, satisfy, think over, commit to, produce, accomplish
6P		धि	
	सम्		make peace with
6P		धू	
	अव		shake, wave, shake off, overcome, disregard, reject
	उद्		shake up, raise, move or throw up, wave, shake off, dispel, destroy, disturb, excite
	निस्		shake or throw off, dispel, destroy, disregard, reject, abandon
	वि		shake, shake off, expel, destroy, reject, disregard, abandon
1U, 10U		धृ	
	अव		fix, determine, know
	उद्		raise, save, extract, extirpate (same as उद् + हृ)
	निस्		ascertain, determine accurately, settle, fix
	वि		hold, seize, wear, use, maintain, support, fix upon, direct toward
	सम्		hold, carry, support, restrain, retain in memory
	समुद्		pull up by the roots (see उद् + हृ), save
	संप्र		know, ascertain, reflect, think, consider
1P		ध्या	
	आ		inflate, puff
	उप		excite by blowing
	निस्		blow of something

	प्र		blow (as a conch)
	वि		scatter, destroy
1P		ध्यै	
	अनु		think of, remember, bless
	अप		think ill of, curse mortally
	अभि		wish, desire, think of
	अव		disregard
	वि		think of, meditate, remember
	नि		meditate deeply upon, remember, look steadfastly or intently at
	निस्		think of, meditate
1P		नद्	
	उद्		roar, bellow (as a bull)
	नि		sound, shout
	प्र		sound, echo
	प्रति		resound (echo)
	वि		sound, resound
	व्यनु		(caus.) cause to resound, reverberate
1P		नन्द्	
	अभि		rejoice, congratulate, greet, applaud, approve of, wish or desire for, like, care for (usually with न)
	आ		be glad
	प्रति		bless, welcome, congratulate
1P		नम्	
	अभ्युद्		rise, go up
	अव		bend, bow down
	उद्		rise, appear, hang over, impend, raise, elevate
	उप		arrive, approach, befall (with genitive or by itself), present, offer
	परि		stoop, bow down, be inclined, be changed into, assume the form of (with instrumental), be developed or matured, be advanced (in age), grow old, decay, set (as the sun), be digested
	प्र		bow down, salute
	वि		stoop, be bent
	विपरि		be changed into, undergo a change for the worse
	सम्		stoop, submit or subject oneself
4P		नश्	
	प्र		perish, disappear
4U		नह्	
	अप		unite
	अपि		(अ is often dropped), fasten, gird around, put on, wear, cover
	उद्		tie, intertwine
	सम्		tie, wear, put on (as armor), make oneself ready for any action

1U		नी	
	अनु		conciliate, induce, persuade, propitiate, pacify, cherish, love, train, discipline
	अप		lead or carry away, cause to retire, demise, remove, destroy, rob, seize, extract, draw out, put away, take off or pull off (as a dress)
	अभि		near, carry to, act, gesticulate, quote
	अभिवि		teach, instruct, train
	आ		fetch, produce, reduce or lead to any condition, lead near to
	उद्		lead toward, bring up, raise, (A) erect, lead out or aside, infer, guess, ascertain
	उप		fetch, raise, carry to, offer, present, bring about, produce, bring into any state, lead or reduce to, (A) invest with sacred thread, hire, employ (as hired servants)
	उपा		lead to, reduce to
	नि		take near to or toward, carry near, bend, pour down
	निर्		ascertain, determine, settle, decide, come to a decision, resolve upon
	परि		lead, marry, ascertain, investigate
	प्र		teach, write, compose [B1-4], lead out or forth, offer, bring to, set (a fire), consecrate (by reciting sacred mantras, etc.) hallow, inflict (as punishment), lay down, institute, accomplish, bring about, lead or reduce (to any condition)
	वि		remove, take away, destroy (A- except when the object is a part of the body), teach, instruct, tame, subdue, govern, control, pacify (anger), spend (as time), carry through, perform, complete, spend, apply to, use, give, pay, pay off (as tribute), (A) lead or conduct toward.
	सम्		bring together, rule, govern, guide, restore, give back, bring near to
	समा		join, fetch
6U		नुद्	
	अप		drive away, remove
	उप		propel, drive onward
	निस्		reject, remove
	प्र		remove, dispel, scare away
	वि		strike, pierce, play on a musical instrument, (causative) remove, spend (as time), divert, amuse, entertain, amuse oneself with
	सम्		draw or bring together, collect, find, meet
4P		नृत्	
	आ		(causative) cause to dance or move quickly
	उप		dance, dance before somebody
	प्र		dance
	प्रति		ridicule by dancing in return
10U		पट्	
	उद्		tear up or out, draw out, root up, eradicate, extract
	वि		tear up or out, draw out, root up, eradicate, extract
1P		पठ्	
	परि		mention
	सम्		read, learn

4A		पद्	
	अनु		follow, attend, be fond of, enter, betake oneself to, find, notice, observe, understand
	अभि		draw near, approach, enter into, look upon, consider, seize, attack, overpower, afflict, take, assume, receive, accept
	अभ्युप		console, pity, favor, deliver (from disasters), ask for help, submit, agree or ascend to
	आ		approach, enter into (a place or state), get into trouble, happen, (causative) bring about, accomplish, produce, reduce to, cause to suffer, lead or bring to, change into, bring under the control of
	उद्		be born or produced, happen
	उप		be possible or probable, be tenable, be suitable, be adequate, fit (with locative), approach, be got or obtained, happen, be produced, attack, (causative) bring into any state, lead or take to, get ready, give, offer, bring about, accomplish, justify, demonstrate, prove, endow with
	निस्		issue out of, be produced, be brought about, arise, be effected, (causative) produce, bring about, prepare
	प्र		approach, resort to, go or come to a particular state, get, find, secure, behave or act toward, deal with, admit, allow, draw near, approach (as time, etc.), be going on, proceed, perceive
	प्रति		arrive at, reach, attain, understand, know, consider, accept, admit, acknowledge, hold, promise to do, consent, perform, practice, observe (causative) unfold, reveal, substantiate, prove, explain, expound, bring or lead back, convey or transport (to a place), regard, declare to be, represent, procure, accomplish
	वि		fail, miscarry (as a business), fall in misfortune or bad state, be disabled, die
	व्युद्		be produced from, originate in, be derived from, become proficient in
	व्या		come down to earth, die, fall down
	सम्		succeed, prosper, be completed, amount to (as a member), become, arise, be born, fall or come together, be provided or furnished with, be possessed of, tend to, bring about, produce, obtain, attain to, enter into, be absorbed in (with locative) (causative) happen, bring about, produce, fulfill, obtain, prepare, furnish, provide, change or transform into, make an agreement
	संप्रति		approach, consider
	स्मा		take place, obtain, attain to
1P		पा	
	अनु		drink after
	आ		drink up, absorb, soak up, feast on (with eyes or ears)
	परि		drink (causative) पापयति/ते
2P		पा	
	अनु		protect
	परि		protect, preserve, rule, bring up, nourish, support, observe, keep to, adhere, persevere in, await
	प्रति		protect, preserve, await, act up to, obey (causative) protect, preserve, rule, observe, adhere to (as a vow or promise), bring up, nourish, maintain, await
10U		पीड्	
	अभि		press, squeeze, pain
	अव		press, squeeze, pain
	आ		press, weigh down

	उद्		press, strike or rub against, press out, throw or strike upwards, propel, urge
	उप		hurt, trouble, oppress, lay waste
	नि		harass, punish, squeeze, hold fast, seize
	निस्		press or squeeze out
	परि		pain, trouble, press, squeeze
	सम्		press together
6A		पृ	
	व्या		be engaged in, occupied with, be busy about
6P		प्रच्छ्	
	अनु		inquire or question about
	आ		ask question, bid adieu, (A) to take leave of
	परि		ask question, inquire about
1A		प्लु	
	अभि		overflow, overwhelm, overcome (figurative)
	अव		jump
	उद्		float, swim, leap
	उप		float, swim, assault, oppress, harass
	परि		float, swim, bathe, jump, plunge into, deluge, flood, cover with, overwhelm (figurative)
	वि		float, float about, swing to and fro, fluctuate, drift (in the sea), be scattered, be confused, be ruined or destroyed, fail
	सम्		fluctuate, float about, flow together, meet (as waters)
9P		बन्ध्	
	अनु		fasten, adhere, attend or follow closely, press, urge, importune
	आ		fasten, make, arrange, fix upon, direct toward
	उद्		tie up, hang up
	उपनि		compose, explain
	नि		fasten, fetter, fix upon, rivet, construct, arrange, write, compose
	निस्		press, urge, importune
	प्रति		bind, encircle, fasten round, arrest, stop, hinder, interrupt
	सम्		fasten, fix upon, direct toward, inlay, set, obstruct, keep off, connect, construct, form
1A		बह्	
	निस्		kill, destroy
1A		बाध्	
	अभि		hurt, vex
	आ		hurt, vex
	परि		trouble, afflict
	प्र		trouble, tease, hurt, remove, get over
	सम्		trouble, torment
1U, 4A		बुध्	

	अनु		know, understand, learn, be conscious of
	अव		know, learn, understand
	उद्		awake, expand, bloom
	नि		know, understand, learn, consider
	प्र		awake, blow, expand, be blown
	प्रति		wake up
	वि		wake up
	सम्		know, understand, learn, become aware of (causative), make known, acquaint with, teach, advise, revive, bring to senses, cause to expand, open, signify, indicate, address, call out
1P, 6P		बृह्	
	उद्		lift, rise
	उप		support, supplement
	नि		destroy, remove
2U		ब्रू	
	निस्		explain, derive
	प्रति		answer, reply
	वि		speak, speak wrongly or falsely
1U		भज्	
	वि		divide, distribute, distinguish, honor, worship
	संवि		share in common, admit (one) to share
7P		भञ्ज्	
	अव		break down, shatter, stop, arrest, frustrate
10A		भर्त्स्	
	निस्		abuse, surpass, eclipse, put to shame
1A		भल्	
	नि		see, behold, perceive, look at
2P		भा	
	अभि		shine forth
	आ		shine, appear splendidly, appear
	निस्		shine, proceed, arise, start into view
	प्र		appear, shine forth, begin to become light
	प्रति		shine, shine oneself, become manifest, seem, appear, come into the mind of
	वि		shine, seem, appear
	व्यति		(A) shine very much
1A		भास्	
	अव		shine, become manifest
	प्रत्यव		appear
1A		भाष्	
	अनु		speak, announce

	अप		abuse, censure
	अभि		speak, address, announce, relate
	आ		speak, address
	परि		lay down a convention, speak conventionally
	प्र		say, speak to
	प्रति		reply, tell, relate, say after one, speak after hearing, name
	वि		lay down as an optional rule
	सम्		speak together, converse
7U		भिद्	
	अनु		divide, break down or through
	उद्		shoot up, germinate, grow (as a plant)
	निस्		burst or tear asunder, break through, disclose, betray
	प्र		break or tear asunder, exude (from the temples of an elephant)
	प्रति		pierce, betray, disclose, reproach, reject, touch, be in close contact with
	वि		break, pierce, divide, interrupt, scatter
	सम्		break or tear asunder, mingle, join, mix
7U		भुज्	
	अनु		enjoy, suffer, experience
	उप		enjoy or taste (in all senses), eat or drink, suffer, endure, possess
	परि		eat, use, enjoy
	सम्		eat, enjoy
1P		भू	
	अनु		experience, enjoy, suffer, feel, perceive, apprehend, try, test
	अभि		overcome, subdue, vanquish, surpass, attack, humiliate, predominate, spread
	आविस्		manifest, display
	उद्		arise, spring up
	तिरस्		disappear [Ke3.12]
	परा		defeat, overcome, hurt, tease
	परि		defeat, overcome, excel, slight, insult, hurt, destroy, afflict, grieve, humiliate
	प्र		arise, be born or produced (with ablative), appear, become visible, multiply, increase, be strong or powerful, be able or equal (with infinitive), have control or power over, prevail, be a master to, be contained in (with locative), be useful, implore
	प्रादुर्		appear [Ke3.12]
	वि		appear, become manifest, recognize, (causative) think of, be aware of, know, perceive, decide, settle, make clear
	सम्		be possible, be born, come out, --- arise, be born, be, become, exist, take place, be possible, be adequate for (with infinitive), meet, be united with, be consistent, be capable of holding, (causative) produce, imagine, conceive, think, guess, consider, honor, present with, ascribe or impute to, cause to be or become, manifest, display, foster, cherish, prove, purify, get, mix, mingle, change, transform, soak, steep
1U, 3U		भृ	

	उद्		bear, support
	सम्		collect, hoard, produce, accomplish, maintain, cherish, foster, prepare, present, offer
1A, 4P		भ्रंश्	
	परि		tumble, slip, stray from, lose
	प्र		slip, lose
	वि		fall or drop down, go to ruin, decay, stray from, lose
1P, 4P		भ्रम्	
	उद्		wander, err, be agitated
	परि		wander, hover, revolve, turn round, wander over (with accusative), circumambulate, (causative) overwhelm, bewilder, overpower
	वि		wander, hover, scare away, disperse, be confused or disordered
	सम्		wander, be in error, be perplexed or confused
4P		मद्	
	उद्		be intoxicated (figurative)
	प्र		be intoxicated, be careless about (with locative), omit to do, swerve from, err
	सम्		be intoxicated, rejoice, (causative मादयति intoxicate, मदयति exhilarate, gladden
4A, 8A		मन्	
	अनु		approve, agree to (causative), ask for leave or permission
	अभि		consider, identify, ---- approve, assert, covet, think, imagine, fancy, regard
	अव		despise, slight
	प्रति		think, reflect (causative), honor, approve, applaud, permit
	वि		(causative) disrespect
	सम्		agree, approve, consent, like, think, suppose, regard, sanction, honor, allow
10A		मन्त्र	
	अनु		consecrate or accompany with spells, dismiss with a blessing
	अभि		consecrate or accompany with sacred hymns or spells, enchant
	आ		bid farewell, speak to, address, converse, say, invite, call
	उप		advise, persuade, induce, invite, summon
4P		मन्थ्	
	उद्		destroy, strike, shake, disturb, tear, cut or peel off
	निस्		churn, stir round, produce or excite fire by rubbing, bruise, thresh, destroy
	प्र		churn, harass, annoy, bruise, hurt, tear off or cut, devastate, destroy
6P		मस्ज्	
	उद्		come out of water, emerge (into view), rise up
	नि		sink (figurative also), be merged into, disappear, escape observation
2P, 3A, 4A		मा	
	अनु		infer, reconcile
	उप		compare, liken

	निस्		make, create, build, form, produce, compose, prepare
	परि		measure, limit
	प्र		measure, know, understand, get a correct idea of, measure, make out, estimate, establish, demonstrate
	सम्		measure, equalize, be contained in, compare
1P		मिल्	
	आ		(causative) shut
	उद्		open (as the eyes), be awakened or aroused, expand, blow, be diffused or spread, cluster round, appear, rise
	नि		shut the eyes, close the eyes in death, die, observe (figurative), be closed or shut (as eyes, flowers, etc.), vanish, set (figurative also)
	सम्		be shut or closed
1A, 6U		मुच्	
	प्र		liberate, release, loosen, unbind
1A		मुद्	
	आ		be glad, be fragrant
	अनु		approve of, allow, sanction
	प्र		be very much delighted
1P		मुर्छ्	
	वि		to faint
	सम्		faint, gather strength
9P		मुष्	
	प्र		take away, obscure
	परि		rob, deprive of
4P		मुह्	
	वि		be perplexed
	परि		be perplexed
	प्र		be infatuated, be foolish
	सम्		be perplexed, be foolish, be ignorant
10U		मुल्	
	उद्		root out
	निस्		root out
6A		मृ	
	अनु		die after, follow in death
4P, 10A		मृग्	
	परि		seek, search
10U, 2P		मृज्	
	अव		rub, stroke, wash
	उद्		wipe off, remove
	निस्		wipe off, wash out
	परि		wipe off, wash out, remove, rub stroke
	प्र		wipe off, remove, atone for

	वि		wipe off, purify
	सम्		wipe off, remove, rub, stroke, strain, filter, sweep
9P		मृद्	
	अभि		squeeze, trample upon
	अव		trample upon
	उप्		squeeze, press, kill
	परि		squeeze, press, destroy, wipe or rub off
	प्र		crush, bruise, kill
	सं		squeeze together, kill, bruise
6P		मृश्	
	अभि		touch, handle
	अव		search
	आ		touch, handle, lay hands on (figurative also), seize upon, eat up, attack
	परा		touch, rub or stroke gently, lay hands on, attack, pollute, outrage, reflect
	परि		touch, grace, find
	वि		touch, reflect, perceive, observe, examine
1P		म्ना	
	आ		hand down traditionally or in sacred texts, think of, meditate upon, lay down, mention, consider, leave, commit to memory
	समा		hand down from memory or by tradition, repeat, lay down, prescribe
1P		म्लै	
	प्र		fade, be sad, be weary, be dirty
1A		यत्	
	आ		strive, rest or depend upon (with locative)
	उद्		raise
	निस्		(causative) return, restore, retaliate
	प्र		try, strive
	प्रति		try, strive
	सम्		struggle, contend
1P		यम्	
	आ		extend, stretch out, draw up or back, restrain, suppress, suspend (as breath), (A) stretch oneself, grow long, grasp, possess, bring or lead toward
	उद्		(usually A) raise, become ready, set about, begin (with dative or infinitive), strive, manage, govern
	उप्		(A) marry, seize, take, accept, possess, show, indicate, restrain, suppress, suspend, hold in (as breath), offer, punish, chastise, regulate, obtain, assume, (causative) restrain, punish
	नि		control, restrain, regulate, check
	विनि		curb, control
	सम्		restrain, imprison, gather, (A) shut
1P, 4P		यस्	
	आ		strive, be fatigued

2P		या	
	अति		go beyond, violate, surpass
	अधि		go away or forth, escape
	अनु		follow, go after (figurative also), imitate, equal, accompany
	अनुसं		go to in succession
	अप		go away, retreat
	अभि		approach, attack, devote oneself to
	आ		arrive, approach, reach, attain, undergo, be in any particular state
	उप		approach, attain (a particular state)
	निस्		go out, go out of, pass, elapse (as time)
	परि		walk round, circumambulate
	प्र		walk, go, set out
	प्रति		go back, return
	प्रत्यद्		go forth to meet (as a mark of respect), greet
	विनिस्		go out, go away, pass out of
	सम्		take, go away, depart, go to, go or enter into, reach to
9U		यु	
	प्र		hold up, reform
	व्यति		mix
7U		युज्	
	अनु		(A) ask, question, examine, put on trial
	अभि		(A) exert oneself, set about, attack, accuse, claim, demand, say
	उद्		excite, endeavor, prepare
	उप्		(A) use, employ, taste, enjoy, experience (figurative also), consume, eat
	नि		(A) appoint, order, join, engage, commit (with locative), (causative) urge, appoint, employ
	प्र		(A) use, employ, appoint, direct, order, motivate, give, bestow, move, set in motion, excite, urge, perform, represent on the stage, act, lend for use, put to interest (as money)
	वि		(A) leave, abandon, separate, relax
	विनि		use, expend, appoint, employ, distribute, divide, disconnect, separate
	सम्		be united with, (passive) be possessed of, get, be proper to (genitive or locative), be ready for, be intent on, be absorbed in, (causative) unite, give, bestow, appoint, employ, use, turn or direct toward, excite, urge, perform, arrange, achieve, prepare, equip
4A		युध्	
	नि		wrestle, box
	प्रति		encounter in fight, oppose
1P		रक्ष्	
	अभि		rule over, govern, protect
10U		रच्	
	आ		arrange
	वि		arrange, compose, produce

10U, 4U		रञ्ज्	
	अनु		be red, be fond of (with locative or accusative)
	अप		be dissatisfied, become pale
	उप		be eclipsed, be colored, be afflicted
	वि		grow, be discolored or soiled, be coarse or rough, be afflicted
1A		रभ्	
	आ		begin, be busy or energetic
	परि		clasp, embrace
	सम्		be agitated, be overwhelmed or affected, be enraged
1A		रम्	
	अभि		rejoice, be fond of
	अव		(P) leave off, cease
	आ		(P) take pleasure in, cease, leave off (speaking, etc.)
	उप		(U) resolve, cease, terminate, desist from, be quiet, die
	परि		(P) take pleasure in, be delighted with
	वि		(P) stop (esp. speaking), cease, come to an end
	सम्		(A) be pleased, rejoice
1U		राज्	
	निस्		(causative) illuminate, adorn, showing (waving) lights in worship
	वि		shine, appear or look like
4P		राध्	
	अनु		propitiate, worship, conciliate
	अप		miss, not hit the mark, offend (with genitive, locative or by itself), annoy, hurt
	आ		propitiate (causative), conciliate, worship, serve
	वि		hurt, offend, wrong
7U		रिच्	
	अति		excel (in passive and with ablative)
	उद्		excel, increase, expand
	व्यति		exceed, surpass, differ from, be separate from.
1P, 10P		रिच्	
	आ		contract, move playfully or sportively
7U		रुध्	
	अनु		besiege, oppose, hold up, oppress, obstruct, arrest, preserve, sustain (from falling), close up (with locative or two accusatives), bind, confine, invest, cover, afflict, conform to, obey, follow, adapt oneself to, request
	अव		obstruct, detain, confine
	उप		afflict, pressurize, obstruct, trouble, overcome, subdue, confine, conceal
	नि		obstruct, oppose, confine, cover, hide
	प्रति		obstruct, etc.

	वि		be opposed, - obstruct, encounter opposition from (instr.), (passive) be impeded, to contend with
	सम्		obstruct, hold fast, enchain, detain, seize upon
1P		रुह्	
	अव		descend, go down
1P		रूप्	
	नि		see, perceive, mark or observe carefully
10U		लक्ष्	
	अभि		mark, see
	आ		perceive, observe
	उप		represent, denote, designate, imply, designate implicitly, look at, mark, put a sign on, mind, have in view, consider, regard
	वि		observe, characterize, distinguish, be bewildered
	सम्		observe, test, prove, determine, hear, learn, understand, characterize, distinguish
1P		लग्	
	अव		adhere or stick to
	आ		adhere or stick to
	वि		adhere or stick to
10U		लङ्घ्	
	अभि		go beyond, spring over, violate, disobey
	उद्		go over or beyond, ascend, violate
	वि		pass or spring over, violate, neglect, ascend, give up, excel, cause to fast
1P		लप्	
	अनु		repeat, talk over and over again
	अप		deny, disown, refuse, conceal
	अभि		refer, talk, address
	आ		talk to, converse with, speak, prate
	उद्		call out loudly
	प्र		speak, talk at random or incoherently, prate
	प्रवि		dissolve, resolve
	वि		speak, lament
	विप्र		dispute, contradict
	सम्		talk, converse, name, call
1A		लभ्	
	अव		hang down, be suspended, sink down, descend, cling to, rest on, support, sustain (figurative also), resort to
	आ		rest or lean upon, hang down from, be suspended, seize, support, depend upon, resort to, take, assume
	उद्		stand up, stand
	उप		know, understand, see, perceive (directly), get, obtain, acquire, enjoy, experience
	उपा		accuse, blame, object, seize
	वि		hand down from, be suspended from, set, decline (as the sun), stay

			or lag behind, delay
6P		लिख्	
	आ		write, draw lines, paint, draw in a picture, scratch, scrape
	उद्		mention, scratch, scrape, tear off or rip up, grind down, polish, paint, write, carve
	प्रति		reply or write in return, write back
	वि		write, inscribe, draw, paint, scratch, scrape, implant, infix, tear
	सम्		scratch, scrape
10U		लिङ्ग्	
	आ		embrace, clasp
6U		लिप् (लिम्प्)	
	अनु		anoint, cover, overspread
	अव		smear, anoint
	आ		smear, anoint
	उप्		stain, defile
	वि		anoint, rub on
2U		लिह्	
	अव		lick, lap, chew, eat up
	आ		lick, lap, wound, see, take in (with the eyes)
	उद्		polish, grind, rub
	परि		lick
	सम्		lick
4A		ली	
	अभि		cling to, shroud, spread over
	आ		settle down upon, hide or lurk in, cling or stick to
	नि		stick to, rest on, settle down, alight upon, lurk or hide, hide or conceal oneself from (with ablative), die
	प्रवि		become dissolved, (caus.) cause to disappear, dissolve itself into
	वि		cling to, rest on, settle down, alight upon, be dissolved, be absorbed in, vanish, perish
	सम्		cling to or stick to, lie down or settle upon, alight, lurk, hide in, melt away
1P, 1A		लुठ्	
	निस्		leave something to be desired, rob, steal
6U		लुप्	
	अव		take away, destroy
	प्र		take away, destroy
	वि		break off, pull out, seize, rub, destroy, wipe or rub off
	विपरि		undergo change, destroy
1P, 4P		लुभ्	
	प्र		tempt, be greedy or desirous
	वि		be disturbed or destroyed

1P		लुल्	
	आ		touch slightly
	वि		move to and from, shake, disorder, dishevel
9U		लू	
	आ		pluck gently
	विप्र		cut, lop or pluck off
10U		लोक्	
	अव		see, find, know, observe, view, meditate or reflect upon
	आ		perceive, view, regard, know, find out, greet, express, congratulate
	वि		perceive, search for
2P		वच्	
	अनु		repeat, recite
	निस्		explain, speak out ,express clearly or distinctly, derive, trace to its etymology (as a word)
	प्रति		answer, reply to
	वि		explain
	सम्		speak
1P		वद्	
	अनु		restate, repeat after, echo, approve, imitate (A)
	अप		(mostly A) abuse, disown, refute, contradict
	अभि		express, signify, salute, greet respectfully, (causative, salute)
	उप		(A) coax, flatter, conciliate, cajole, talk (one) over
	परि		abuse
	प्र		speak, name, call, regard
	प्रति		speak, answer, repeat
	वि		(A) dispute, contend
	विप्र		(U) dispute
	विसम्		be inconsistent, fail, (causative) make inconsistent
	सम्		talk to, converse, discourse, resemble (with instrumental), name, call, speak, (causative) consult, play upon a musical instrument
	संप्र		(A) speak loudly and distinctly, (P) cry
1U		वप्	
	आ		scatter, sow, offer (as in sacrifice)
	उद्		pour out
	नि		scatter about, offer as oblations mainly to the manes, immolate, kill
	निस्		scatter, offer, present, offer libations especially to the manes, perform
	प्रति		sow, plant or fix in, set or stud with jewels
	प्र्		throw, cast, offer
1P		वम्	
	उद्		spit out, vomit forth, emit, pour out, send forth
1A		वल्	

	सं		mix, connect, unite with
1P		वस्	
	अधि		(with accusative) dwell, alight, perch on
	अनु		(with accusative) dwell
	आ		(with accusative) dwell, enter upon, spend time
	उप		dwell (with accusative in this sense), fast
	नि		dwell, be, exist, occupy
	निस्		live out, go to the end of (as a period), (causative) banish, drive away
	परि		dwell, stay over night
	प्र		dwell, go abroad, travel, be absent from home
	प्रति		dwell near, be near
	वि		dwell abroad
	विप्र		travel, be absent from home
	सम्		dwell, live with, associate
2P		वस्	
	नि		dress oneself
	वि		put on, wear
1U		वह्	
	अति		pass, spend (as time)
	अग		drive away, remove, leave, abandon, deduct
	आ		bring home, cause, produce, lead or tend to, bear, possess, have, flow, apply, use, (causative) invoke (as a deity)
	उद्		marry, bear up, elevate, sustain, raise, support, suffer, experience, have, possess, wear, put in, finish
	उप		bring near, bring about, commence
	नि		bear up, sustain
	निस्		be furnished, live upon, live by the aid of, (causative) take to the end, complete, manage
	परि		overflow
	प्र		bear, carry, draw along, waft, support, flow, blow, have, feel
	वि		marry
	सम्		carry or bear along, rub, press, see, (causative) marry, display, exhibit
2P		वा	
	आ		blow
	निस्		blow, be cooled (figurative also), blow out, extinguished, be extinct
	प्र		blow
	वि		blow
3U, 7U		विच्	
	वि		separate, remove from, discern, judge, determine, describe, treat of, tear up
6A, 7P		विज्	
	आ		be afraid

	उद्		be afraid of (with ablative or genitive), be grieved, be disgusted with (with ablative), afflict, frighten
2P		विद्	
	आ		(causative) announce, display, indicate, offer
	नि		(causative) inform, (with dative) declare oneself, indicate, offer, entrust to the care of
	प्रति		(causative) communicate, inform
	सम्		(A) know, be aware of, recognize
6U		विद्	
	अनु		obtain, suffer, experience
6P		विश्	
	अनु		enter into, enter after someone else
	अनुप्र		enter into, adapt or accommodate oneself to the will of
	अभिनि		(A) enter into, occupy, resort to
	आ		enter, possess, occupy, approach, go or attain to a particular state
	उप		sit down, encamp, enter upon, practice, abstain from food
	नि		(A) sit down, halt, encamp, enter, be fixed on, be directed toward, be devoted or attached to, be intent on, marry, (causative) fix or direct upon, apply to, put, place, keep, seat, install, encamp, draw, paint, portray, commit to (writing), inscribe on, entrust or commit to
	निस्		enjoy, adorn, marry
	प्र		enter, introduce, usher, (causative) begin
	विनि		be placed in, fix, place, populate, colonize, (causative) be seated in
	सम्		enter, sleep, lie down to rest, enjoy, cohabit
	समा		enter, approach, be devoted to, be intent on
	संनि		(causative) place, put, install
1U, 5U, 9U		वृ	
	अप्		open, (causative) cover, conceal
	अपा		open
	आ		pervade, cover, conceal, fill, choose, desire, solicit, beg, enclose, block up, keep off
	नि		surround, enclose, (causative) ward off, keep away from, avert from (with ablative)
	निस्		feel happy, be pleased with or satisfied with
	परि		surround
	प्र		cover, wear, select
	प्रा		wear
	वि		reveal, unfold, display, teach, explain, spread, choose, cover up, stop, open
	विनि		(causative) prevent, ward off, suppress
	सम्		hide, cover, conceal, suppress, restrain, oppose, shut, choose, select, choose in marriage, ask for, beg, solicit
1P, 10U		वृज्	
	अ		destroy, finish
	आ		bend, offer, incline, subdue, win over

	परि		avoid, shun
	वि		shun, make destitute of, despise
1A		वृत्	
	अति		go beyond, exceed, excel, violate, neglect, hurt, overcome, subdue, pass away (as time), relate, delay
	अनु		follow, conform to, be guided by, humor, please, be repeated, supplied from a previous/preceding rule (intransitive)
	अप		turn away from, be reversed or interrupted, have the face downward
	अभि		approach, attack, commence, break (as day), stand supreme, be, exist, chance to be
	आ		revolve, return, go to or toward, be restless or uneasy
	उद्		ascend, increase, be haughty or proud, overflow
	उप		approach, return
	नि		come back, flee from, leave of speaking, be removed, be adverse to, abstain from, be freed or absolved from, escape, stop, be withheld or withdrawn from
	निस्		cease, be got or accomplished, be withheld, not happen, (caus.) perform, produce, complete
	प्रा		return
	परि		revolve, roam about, exchange, barter, be, fall into, decay, perish
	प्र		pursuit, go forward, proceed, arise, be produced, happen, begin, strive, act up to, follow, engage in, be occupied with, act, do, behave toward, prevail, exist, hold good, proceed uninterruptedly
	प्रतिनि		return, turn around
	वि		roll, revolve, bend, be, become
	विनि		return, cease, desist
	विपरि		revolve (figurative also)
	व्यप		return, desist from, leave
	व्या		go away, disappear, turn back, be adverse to, (causative) restrict, limit, exclude
	सम्		be or become, be produced, happen, be accomplished, cause to be or exist, cause to revolve, whirl around, do, practice, exhibit, perform, spend, pass (as time), live on, relate, describe
1A		वृध्	
	अभि		grow, increase
	परि		grow, prosper
	प्र		grow, prosper
	सम्		increase, (causative) rear, bring up
1P		वृष्	
	अभि		shower, sprinkle, give
	प्र		rain, shower
1P		वृह्	
	प्र		separate, tear off or out
10U		वे	
	प्र		weave, tie, fasten, set, fix, interweave, interlace
4P		वेष्ट्	
	आ		fold

	परि		fold together, clasp or wind around
	सम्		fold together, clasp or wind around
4P		व्यध्	
	अनु		pierce, hurt, intertwine, surround, set, inlay
	अप		throw, cast, pierce through, desert, abandon
	आ		pierce, throw
	परि		pierce through, wound
	सम्		pierce through, wound
1P		व्रज्	
	अनु		go after, practice, perform, resort to
	आ		come, approach
	परि		wander about as a religious mendicant, turn out a recluse
	प्र		go into exile, take
	प्रति		approach
	प्रत्युद्		go forth to meet or receive
1P		शंस्	
	अभि		curse, charge, defame, traduce, praise
	आ		(usually A) hope for, desire, bless or wish well, (P) tell, recite
	प्र		praise, approve, command
1A		शङ्क्	
	अभि		suspect, be doubtful
	आ		suspect, distrust, think, believe to be, fear, raise an objection
	परि		suspect, be doubtful, believe, fancy, doubt, fear
	वि		suspect, fear, fancy, think to be
1P		शद्	
	आ		go
10U		शब्द्	
	अभि		name
	प्र		explain
	सम्		call out to
4P		शम्	
	उप		be calm, cease, be extinguished, leave off speaking
	वि		hear, listen to, come to know
	प्र		be calm, cease, be extinguished, decay, wither away (causative)
	सम्		calm, be extinguished, disappear, be removed
10U		शम्	
	नि		see, hear, listen
2P		शास्	
	अनु		advise, persuade, teach, instruct, command, rule, chastise, punish, praise

	आ		(A) bless, direct, command, (P) decide, seek from, hope, praise
	प्र		teach, instruct, command, rule, govern, punish, chastise, (A) pray, ask for
7P		शिष्	
	अव		(mostly passive) be left last or as a remainder, to remain behind
	उद्		leave as a remainder
	परि		leave remaining
	वि		qualify, particularize, specify, define, distinguish, discriminate, aggravate, heighten, enhance, intensify, (passive) be different from, be better or higher than, excel, be preferable or superior to (with ablative)
2A		शी	
	अति		excel, precede in sleeping, sleep after or longer than one
	अधि		(with accusative or place) lie or sleep on or in, dwell, inhabit
	उप		sleep or lie near
	सम्		doubt, be in doubt
10U		शील्	
	अनु		practice repeatedly, cultivate, think of
	परि		practice repeatedly, cultivate, think of
1P		शुच्	
	अनु		bewail, regret
	परि		lament
4P		शुष्	
	उद्		be dried up, dry up, pine, decay, wither
	परि		be dried up, dry up, pine, decay, wither
	वि		be dried up
	सं		be dried up
9P		शॄ	
	अव		seize away
	अव		(passive) fade or wither
4P		श्रम्	
	परि		be fatigued very much
	वि		take rest, repose, stop, cease, come to end, give rest to, rest, cause to alight or settle
1A		श्रम्भ्	
	वि		confide, place confidence in
1U		श्रि	
	अभि		dwell in, ascend
	आ		resort to, follow, seek refuge with, dwell, depend upon, go through, experience, undergo, assume, choose, stick or adhere to, prefer, help
	उद्		lift up, raise
	उप		come back
	उपा		have recourse to

99

	सम्		have recourse to, resort to, fly to for refuge or succor, rest on, depend on, attain, approach for sexual union, serve
5P		श्रु	
	अनु		hear, hand down by sacred tradition
	अभि		hear, listen to
	आ		hear, promise (with dative of person)
	उप		hear, learn, ascertain
	परि		hear
	प्रति		promise (with dative of person to whom promise is made)
	वि		hear (usually past passive participle)
	सम्		hear, listen to (A when used intransitively)
1P, 4P		श्लिष्	
	अ		embrace, clasp
	आ		embrace, clasp
	वि		be separated, be away from, burst, fly asunder
	सम्		adhere or cling to, unite
2P		श्वस्	
	अ		breathe, recover breath, take courage, take heart, revive (causative), console, comfort, cheer up
	उद्		breathe, live, cheer up, revive, take heart, open, bloom (as a lotus), pant, sigh deeply, heave, throb, be loosened or released
	नि		sigh, heave
	निस्		sigh, heave
	वि		confide in, trust, place in (usually with locative), rest secure, be fearless or confident
	समा		take courage, take heart, calm or compose oneself
1P		श्वि	
	उद्		swell, increase, grow, be puffed up with pride
1P		सञ्ज्	
	अनु		connect, stick to, adhere to, be united with, accompany
	अव		suspend, attack, cling to, throw, place, entrust to, throw on, assign to (passive), be in contact with, touch, be engaged in or intent on, be eager
	आ		fasten, fix on, join or add to, place or put on, confer upon, conduce to, throw upon, assign to, stick or adhere to
	नि		adhere or stick to, be thrown round or placed on, be reflected, be attached to
	प्र		cling or adhere to, apply, follow, be applicable to, held good in the case of (passive also in the same sense)
	व्यति		join or link together
1P, 6P		सद्	
	अव		sink down, faint, fail, give away, suffer, be neglected, become disheartened or exhausted, perish, decay, come to an end
	आ		sit down or near, lie in wait for, approach, reach, meet with, find, form, suffer, encounter, attack, place (causative) meet with, find, get, approach, reach, be in possession of, overtake, encounter, attack
	उद्		sink (figurative also), fall into ruin or decay, leave off, quit, rise up (causative), destroy, overturn, rub, anoint

	उप		sit near to, approach, serve, wait upon, march against
	नि		sit down, lie, recline, fail, sink down, be disappointed
	प्र		be pleased, be gracious or propitious, be appeased or soothed, be satisfied, be pure or clear, clear up, brighten up (figurative also), bear fruit, be successful
	वि		sink down, be exhausted, despair, be sorrowful
1A		सह्	
	उद्		be able, venture, attempt, be prompted, cheer up, be at ease, go forward
	परि		bear
	प्र		bear, withstand, resist, overpower, attempt, be able
	वि		bear, withstand, resist, be able, allow, wish, like
5P, 4P		साध्	
			(causative) accomplish, perform, finish, prove, substantiate, subdue, conquer, destroy, learn, understand, cure, heal, go, depart, recover (as a debt), make perfect
	प्र		(causative) advance, promote, accomplish, obtain, overcome, subdue, dress, decorate
	सम्		be successful (A), accomplish, complete, secure, obtain, settle, regain, cause to be settled or paid, destroy, extinguish
6P		सिच्	
	अभि		sprinkle, shower upon, anoint, appoint, crown, consecrate, inaugurate
	अ		sprinkle
	उद्		sprinkle, pour down (passive), sprout or foam up, be thrown upward, be puffed up or elated, be proud, be disturbed
	नि		sprinkle, pour down, impregnate
	परि		sprinkle, pour
4P		सिध्	
	प्र		be accomplished or effected, be gained, be known well
	सम्		be made perfect, be fully accomplished, become happy, attain supreme felicity
1P		सिध्	
	नि		ward off, prevent, keep back, oppose, object to, contradict, prohibit, defeat, remove, drive off, counteract
	प्रति		negate [B1.4] --- present, restrain, prohibit
	विप्रति		contradict, oppose
4P		सिव्	
	अनु		string together, connect very closely or uninterruptedly
5U		सु	
	अभि		extract (soma) juice, mix, sprinkle
	उद्		excite, agitate
	प्र		produce, beget
1P, 3P		सृ	
			(causative) cause to go, extend, rub or touch gently (with fingers), push back or away, remove
	अनु		follow (in all senses), attend, pursue, go to, betake oneself to
	अप		go away, retire, withdraw, vanish

	अभि		approach, meet by appointment, assail, attack
	अव		spread, pervade, (causative) move anything aside or away
	उद्		(causative) drive away
	उप		approach, wait upon, visit, go against, attack, have intercourse with
	निस्		go away from, go forth or out, slip away from, issue from, set out for, flow forth, ooze out, exclude
	परि		flow round, move round, whirl round
	प्र		flow forth, spring, advance, spread, prevail, pervade, be stretched, extend, be disposed or inclined (to a thing), move, begin, be lengthened, grow strong or intense, pass away (as time), (causative) spread, stretch, hold out (as hand), expose for sale, open wide (as eye lids), publish, circulate
	प्रति		return, go toward, attack
	वि		spread, be extended, be diffused
	सम्		spread, move, go together, obtain
4A, 6P		सृज्	
	अति		bestow, give, abandon, dismiss, emit, permit
	अभि		give, grant
	अव		cast, sow, plant (as seed), shed, drop down, let loose
	उद्		emit, pour down, return, quit, abandon, lay aside, put off, let loose, allow to roam at liberty, discharge, shoot, sow, scatter (as seed), stretch out, dismiss, abolish, restrict
	उप		pour out or on, add to, annex, attach, oppress, infest, eclipse, produce, destroy
	नि		release, deliver over, consign, entrust
	प्र		abandon, let loose, sow, scatter, injure
	वि		abandon, let loose, shed, pour down, send, dispatch, dismiss, allow to go, give, send forth, omit, dart, drop, strike, utter, reduplicate
	सम्		associate, mix, mingle, join, meet, create
1P		सृप्	
	अनु		approach, follow
	अप		go away, withdraw, glide away, move gently along, observe closely (as a spy), swerve from
	परि		move round about, hover, move to and fro
	प्र		go forth, come out or forth, proceed, spread, circulate (figuratively also)
	वि		move, march, proceed, fly or roam about, spread, flow along, fall down, sneak off, escape, hover about, wind, meander, go about in different directions
	सम्		move, flow
1A		सेव्	
	आ		enjoy, practice, perform, resort to
	उप		serve, worship, honor, practice, cultivate, pursue, follow, be addicted to, enjoy, frequent, inhabit, rub or anoint with
	नि		pursue, follow, practice, attach oneself to, enjoy, resort to, inhabit, frequent, use, employ, wait upon, attend, draw near, approach, suffer, experience
	परि		resort to, enjoy, take
4P		सो	

	अव		finish, destroy, know, fall, be at an end (intransitive)
	अध्यव		resolve, attempt, undertake, perform, grapple with, reflect
	पर्यव		finish, determine, resolve, result in, be reduced to, perish, be lost, decline, attempt
	व्यव		strive, seek, set about, think of, be industrious, resolve, settle, accept, undertake, perform, believe, be continued or persuaded, reflect
	समव		decide, decree
1U		स्कन्द्	
	अव		attack, storm
	आ		attack
	परि		leap about
	प्र		attack, fall upon, leap forward
1A, 5P, 9P		स्तम्भ्	
	अव		lean or rest on, block up, support, hold, clasp, embrace, warp, envelop, hinder, stop, arrest
	उद्		stop, hinder, arrest, support, uphold
	उप		support, prop, set up, stop, arrest
	नि		support, stop, arrest
	पर्यव		surround
	वि		stop, fix, plant, rest on
	सम्		(causative) stop, restrain, paralyze, take heart, cheer up, compose, collect oneself, make firm
	समव		support, comfort, encourage
2U		स्तु	
	प्र		begin, commence, introduce a topic, praise, relate
	सम्		praise, be acquainted with, be familiar or intimate with (used as past participle in this sense)
9U		स्तॄ	
	अव		cover, fill, overspread
	आ		cover, spread over
	उप		strew, arrange, place in order
	परि		spread, diffuse, extend, cover (figurative also), place in order
	नि		spread, diffuse, cover
	सम्		spread, strew
1P		स्था	
			(causative) lay, set, place, put, find, establish, stop, arrest, check
	अति		remain over and above, exceed by
	अधि		stand on or upon, occupy (accusative), practice as penance, be in, dwell in, take possession, overcome, obtain, lead, conduct, beat the head of, govern, preside over, use, employ, ascend, be established or installed in
	अनु		perform, attend to, follow, practice, give, do something for, stand by or near, govern, imitate, present oneself
	अव		(usually A) remain, abide, wait, conform, live, stand still, fall to, devolve on, rest with, stand apart, withdraw, be settled or decided
	आ		obtain, attain, undertake, occupy, ascend, use, resort to, follow,

			practice, take, assume, perform, own, aim at, behave, stand near
	उद्		rise up, get up, leave, give up, rebound, come forth, arise, proceed, increase in strength, grow, be active or brave, strive (A)
	उप		stand near, fall to one's share, come near, serve, worship, pay respects to (A), approach for intercourse, meet, join (A), lead to, make a friend of, be present (A), approach, draw near, (causative) set up
	नि		fix, stay firm
	परि		surround
	पर्यव		(causative) compose or collect oneself
	प्र		(A) set out, stand firm, be established, approach, come near
	प्रति		stand firm, be supported, rest or depend on, stay, abide
	प्रत्यव		(A) raise objection, oppose, object in argument
	वि		(A) stand apart, remain, abide, remain fixed or stationary, spread, be diffused
	विप्र		(A) start, spread
	व्यप		(A) be placed asunder, be arranged in due order, be settled or fixed, become permanent, rest or depend upon
	व्यव		exist, present, remain, be arranged in due order,
	सम्		(A) dwell, stand close together, stand on, be, exist, abide by, obey, be completed, come to an end, be interrupted, stand still, come to a stand, (P) die, (causative) establish, place, compose, collect (oneself), subject, keep under control, stop, restrain, kill
	समाधि		preside over, govern
	समव		(A) remain fixed, stand still, stand ready
	समा		undergo, practice, engage in, perform, apply, employ, follow, observe
	समुद्		stand up, rise, return to life or consciousness
	समुप		come near, go to, attack, occur, stand in close contact
	संप्र		(A) set out, depart
	संप्रति		hang on, rest on, depend on, stand firm or fixed
2P		स्ना	
	अप		bathe after morning
	नि		plunge deep into, be perfect or thoroughly versed in
1A		स्पन्द्	
	वि		move about, struggle
6P		स्पृश्	
	अप/उप		touch, wash or sprinkle with water, sip water, rinse the mouth, bathe
	अभि		touch
	परि		touch
	सम्		touch, sprinkle with water, bring in contact with
10U		स्फाल्	
	आ		cause to tremble, cause to flap, strike or press against, splash, strike, play upon, twang (as a bow)
6P		स्फुर्	
	उप		shine forth or out
	अभि		spread, expand, become known

	परि		throb, palpitate
	प्र		tremble, expand, spread far and wide, become known
	वि		tremble, struggle, shine, draw, twang
1A		स्मि	
	उद्		smile, laugh
	वि		wonder, admire, be proud
1P		स्मृ	
	अनु		remember, call to mind
	उप/प्र/वि		forget
	सम्		remember, think of
1A		स्यन्द्	
	अनु		flow
	अभि		ooze, flow, rain, be melted
	नि/परि		flow out or forth
	प्र/वि		flow forth
10U		स्वद्	
	आ		taste, eat (figurative also), enjoy
2P		हन्	
	अति		injure excessively
	अन्तर		strike in the middle
	अप		ward off, destroy, take away, attack, seize
	अभि		strike, smite (figurative also), hurt, destroy, strike or beat (as drum, etc.), attack, affect, overpower
	अभिप्र		overpower
	अव		strike, destroy, remove, thresh (as corn)
	आ		hit, ring, beat (as bell, drum)
	उद्		raise up, uplift, become proud
	उप		strike, smite, waste, injure, destroy, pain, affect, overpower
	उपोद्		introduce, commence
	नि		destroy, strike, conquer, overcome, strike or beat (as drum), counteract, frustrate, cure (as a disease), disregard, remove, dispel
	परा		strike back, strike down, repel, overthrow, attack, dash against
	प्र		kill, strike, beat (as drum)
	प्रणि		kill
	प्रति		strike back or in return, ward off, prevent, oppose, resist, remove, destroy, counteract, remedy, be kept away from
	वि		destroy, strike, oppose, reject, decline, disappoint, frustrate
	व्या		frustrate, obstacle, impede, trouble
	सम्		assemble, put together, unite closely together, heap, collect, diminish, clash, strike, destroy
	समा		strike, injure
1P		हस्	

	अप		laugh at, scoff
	अव		ridicule, surpass
	उप		laugh at
	परि		joke, laugh at, surpass
	प्र		laugh, smile, ridicule, look splendid, brighten up
	वि		laugh, laugh at
3A		हा	
			(passive) be forsaken, be excluded from, be deprived of (with instrumental or ablative), be deficient, diminish, decline (figurative also), fail (as in law suit), be weakened
	अप		leave, give up, remove, fall short, (passive) decrease
	अपा		leave, abandon
	अव		leave, be deprived of (passive)
	परि		leave, abandon, omit, neglect, (passive) be dificient, be inferior to
	प्र		give up, let go, cast, discharge
	वि		leave, abandon
1U		हृ	
	अध्या		supply an ellipsis
	अनु		imitate, resemble, (A) take after one's parents
	अनुसमा		compensate, join or bring in order again
	अप		remove, snatch off, avert, turn away, rob, deprive (one) of, destroy, attract, affect, influence, overpower, subdue
	अभि		carry off, remove
	अभ्यव		eat
	आ		eat, bring, carry, convey, give, get, receive, have, assume, perform a sacrifice, recover, bring back, cause, produce, beget, wear, put on, attract, remove, draw off from
	उद्		save, deliver, extricate, draw, take out, uproot, raise, extend (as hands), pluck (as flowers), absorb, deduct, subtract, select, pick out, extract
	उदा		relate, narrate, declare, say, speak, call, name, illustrate, cite
	उप		bring near, offer, offer (as a victim)
	उपसम्		wind up, sum up, conclude resolve, withdraw, contract, annihilate, bring together
	उपा		bring, fetch
	निस्		take, draw out, carry out the dead body, remove (as a fault)
	परि		avoid, abandon, leave, remove, destroy, answer, refute
	प्र		strike at, beat, hurt (with locative), attack, throw, hurl (with locative or dative), seize upon
	वि		take away, seize away, destroy, let fall, shed (as tears), pass (as time), amuse, divert oneself, sport
	व्यव		deal in any transaction or business, act, behave, deal with, go to the law, sue (one) in a court of law
	व्या		speak, narrate, declare
	सम्		bring or draw together, contract, compress, drop, collect, accumulate, destroy, withdraw, withhold, restrain, suppress, close, wind up
	समा		bring, convey, carry, collect, bring together, convene, draw, attract, destroy, complete (as a sacrifice), return, restore to one's proper

			place, restrain
	समव		collect, gather
	संव्यव		have business
2A		ह्नु	
	अप		conceal, deny, disown, conceal before one, hide
	नि		conceal, hide, conceal or hide from, dissimulate or deny before anyone (with dative)
1U		ह्वे	
	आ		call, invite, challenge (A)
	उप/उपा		call

Significance of indicatory letters attached to roots

धातूनामितः	सूत्राणि	उदाहराणि
अनुदात्तः	1.3.12 अनुदात्तङित आत्मनेपदम्।	एधँ वृद्धौ – एधते
स्वरितः	1.3.72 स्वरितञितः कर्त्रभिप्राये क्रियाफले। ~ आत्मनेपदम्	डुपचँष् पाके – पचति / पचते
उदातः	1.3.78 शेषात्कर्तरि परस्मैपदम्।	असँ भुवि – अस्ति
आँ	7.2.13 आदितश्च। ~ न इट् निष्ठायाम् अङ्गस्य	ञिमिदाँ स्नेहने + क्त/क्तवतुँ = मिन्नः/मिन्नवान्
	7.2.12 विभाषा भावादिकर्मणोः। ~ आदितः न इट् निष्ठायाम् अङ्गस्य	भावे – मिन्नम् अनेन / मिदितम् अनेन आदिकर्मणि – प्रमिन्न / प्रमेदितः
इँ	7.1.58 इदितो नुम् धातोः। ~ अङ्गस्य	टुनदिँ समृद्धौ – नन्दति
इँर्	3.1.57 इरितो वा। ~ अङ् च्लेः लुङि परस्मैपदेषु कर्तरि धातोः	णिजिँर् शौचपोषणयोः + लुङ् (परस्मैपदम्) = अनिजत् (अङादेशपक्षे)/= अनैक्षीत् (सिच्पक्षे) (आत्मनेपदम्) = अनिक्त
ईँ	7.2.14 श्वीदितो निष्ठायाम्। ~ न इट् अङ्गस्य	ओँलजीँ व्रीडायाम् + क्त/क्तवतुँ = लग्न/लग्नवत् दीपीँ दीप्तौ + क्त/क्तवतुँ = दीप्/दीप्तवत्
उँ	7.2.56 उदितो वा। ~ क्त्वि इट् अङ्गस्य	शमुँ उपशमे + क्त्वा = शमित्वा / शान्त्वा
ऊँ	7.2.44 स्वरतिसूतिसूयतिधूञूदितो वा। ~ आर्धधातुकस्य इट् वलादेः अङ्गस्य	गुपूँ रक्षणे + तृच् = गोप्तृ / गोपितृ
ऋँ	7.4.2 नाग्लोपिशास्वृदिताम्। ~ णौ चङि उपधायाः ह्रस्वः अङ्गस्य (7.4.1 णौ चङ्युपधाया ह्रस्वः। इति प्राप्तस्य ह्रस्वस्य निषेधः।)	बाधृँ विलोडने + णिच् + लुङ् = अट् + बाध् + बाधि + चङ् + त् = अबबाधत्
लृँ	3.1.55 पुषादिद्युताद्य्लृदितः परस्मैपदेषु। ~ च्लेः अङ्	गम्लृँ गतौ + लुङ् = अट् + गम् + गम् + च्लि + त् = अट् + गम् + गम् + अङ् + त् = अगमत्
एँ	7.1.5 ह्म्यन्तक्षणश्वसजागृणिश्व्येदिताम्। ~ न इटि सिचि वृद्धिः परस्मैपदेषु अङ्गस्य (7.2.1 सिचि वृद्धिः परस्मैपदेषु। इति प्राप्तस्य वृद्धेः निषेधः।)	कटेँ वर्षावरणयोः + लुङ् = अट् + कट् + सिच् + ईट् + त्
ओँ	8.2.45 ओदितश्च। ~ निष्ठातः नः	भुजोँ कौटिल्ये + क्त/क्तवतुँ = भुग्न/भुग्नवत्
ङ्	1.3.12 अनुदात्तङित आत्मनेपदम्।	शीङ् स्वप्ने – शेते
ञ्	1.3.72 स्वरितञितः कर्त्रभिप्राये क्रियाफले। ~ आत्मनेपदम्	हृञ् हरणे – हरति / हरते
ञि	3.2.187 ञीतः क्तः। ~ वर्तमाने	ञिमिदा स्नेहने + क्त (वर्तमाने काले) = मिन्न
टु	3.3.89 ट्वितोऽथुच्। ~ अकर्तरि च कारके सँज्ञायां भावे	टुवेपृँ कम्पने + अथुच् = वेपथु
डु	3.3.88 ड्वितः क्त्रिः। ~ अकर्तरि च कारके सँज्ञायां भावे	डुवपँ बीजसन्ताने छेदने च + क्त्रि = उप् + त्रि 6.1.15 वचिस्वपियजादीनां किति। उप्त्रि + मप् 4.4.20 क्त्रेर्मम्नित्यम्।
ष्	3.3.104 षिद्भिदादिभ्योऽङ्। ~ स्त्रियाम् अकर्तरि च कारके सँज्ञायां भावे	जॄष् वयोहनौ + अङ् = जर, जर + टाप् = जरा त्रपूँष् लज्जायाम् + अङ् = त्रप, त्रप + टाप् = त्रपा
Not इ	6.4.24 अनिदितां हल उपधायाः क्ङिति। ~ न लोपः अङ्गस्य	स्रंसुँ अवस्रंसने + क्त = स्रस्त